Heinrich Albert Johne

Die Geschichte der Tuberkulose

Mit besonderer Berücksichtigung der Tuberkulose des Rindes

Heinrich Albert Johne

Die Geschichte der Tuberkulose
Mit besonderer Berücksichtigung der Tuberkulose des Rindes

ISBN/EAN: 9783743650978

Hergestellt in Europa, USA, Kanada, Australien, Japan

Cover: Foto ©ninafisch / pixelio.de

Weitere Bücher finden Sie auf **www.hansebooks.com**

DIE

GESCHICHTE DER TUBERCULOSE

mit besonderer Berücksichtigung

der Tuberculose des Rindes

und die sich hieran knüpfenden

medicinal- u. veterinärpolizeilichen Consequenzen

von

D<small>R</small>. ALBERT JOHNE,
PROFESSOR AN DER K. THIERARZNEISCHULE ZU DRESDEN.

D<small>R</small> ARNOLD C. KLEBS
LES TERRASSES
NYON - SUISSE

LEIPZIG,
VERLAG VON F. C. W. VOGEL.
1883.

Separatabdruck

aus der

Deutschen Zeitschrift f. Thiermedicin u. vergl. Pathologie.

IX. Band.

VORWORT.

Nachstehende Monographie ist aus einer seiner Zeit bei Gelegenheit des Geburtsfestes Sr. Maj. des Königs von Sachsen gehaltenen Festrede über die Geschichte der Tuberculose und einer an einem anderen Orte [1]) veröffentlichten Monographie der Perlsucht des Rindes hervorgegangen.

Bei der Wichtigkeit des Gegenstandes und bei der Schwierigkeit, sich über die bezeichnete Materie und in der dieselbe betreffende Literatur zurechtzufinden, hielt ich eine eingehendere und doch immerhin gedrängte Bearbeitung des Themas für angezeigt. Ich wünsche damit eine Lücke in der ärztlichen und thierärztlichen Literatur ausgefüllt zu haben.

Johne.

INHALTSVERZEICHNISS.

	Seite
Vorwort	III
Literatur	1
Einleitung	3

Erste Abtheilung.
Die Geschichte der Tuberculose.

	Seite
Erster Abschnitt. Periode vor Villemin	5
Zweiter Abschnitt. Die von Villemin beginnende Periode der experimentellen Forschung.	22
Erstes Kapitel. Experimentelle Arbeiten	23
1. Impfversuche	23
a) Subcutane Impfungen	23
b) Peritoneal ausgeführte Impfungen	24
c) Intravasculäre Impfungen	27
d) Intrapulmonale Impfungen	28
e) Intraoculäre Impfungen	28
2. Die Inhalationsversuche	29
3. Die Fütterungsversuche	29
Zweites Kapitel. Histologische Arbeiten	34
Dritter Abschnitt. Die gegenwärtige Anschauung über die Tuberculose der Menschen und Thiere im Allgemeinen vom Standpunkte der Infectionslehre	45
Vierter Abschnitt. Die ätiologischen Beziehungen der menschlichen und thierischen Tuberculose zu einander	53

Zweite Abtheilung.
Welche Consequenzen ergeben sich für Medicinal- und Veterinärpolizei aus der bewiesenen Infectiosität und Identität sämmtlicher, bei Menschen und Thieren vorkommender tuberculöser Processe?

Seite

Erster Abschnitt. Welche Aufgaben fallen bei der bewiesenen Möglichkeit der Uebertragung der Tuberculose durch Genuss von Fleisch und Milch tuberculöser Thiere, besonders des Rindes u. Schweines, der Medicinalpolizei zu? . . 62

Zweiter Abschnitt. Welche Aufgaben fallen bei der bewiesenen Infectiosität der Tuberculose der Veterinärpolizei zu? . . . 72

    1. Sie hat die Medicinalpolizei in der Durchführung der im vorigen Abschnitt bezeichneten Maassnahmen zu unterstützen 72

    2. Es fällt ihr die Pflicht zu, der Landwirthschaft in der Bekämpfung und Ausrottung der Tuberculose mit Rath und That beizustehen 72

    Erstes Kapitel. Mögliche Infectionswege . 76
      a) Intrauterine Infection . 76
      b) Extrauterine Infection . . . 77
        α) Durch Milch und Fleischfütterung 77
        β) Durch Athmungsluft (Cohabitation) . . 79
        γ) Durch den Coitus . 83
        δ) Die constitutionelle Anlage, die sog. Prädisposition 83

    Zweites Kapitel. Die zur Bekämpfung der Tuberculose unserer Hausthiere, speciell beim Rind nöthig erscheinenden Maassnahmen 85
      α) Die Ausschliessung aller tuberculösen Thiere von der Zucht . 85
      β) Separation und baldige Abschlachtung der tuberculösen Thiere 85
      γ) Desinfection 85
      δ) Bekämpfung der Prädisposition durch Regelung der diätetischen Verhältnisse 86

Literatur.

1) **Eulenberg**, Hdb. d. öffentl. Gesundbeitswesens. II. 568. — 2) **Virchow**, Die krankhaften Geschwülste. Berlin. — 3) **Waldenburg**, Die Tuberkulose. Berlin 1869. — 4) Zeitschrift f. rat. Med. 1857. N. Flg. VIII. S. 50. — 5) Bullet. de l'academie de méd. — 6) Gaz. hebdom de méd. de Paris. — 7) Compt. rend. — 8) **Willburg**, Anl. z. Heil. der Krankh. d. Rindes. 1776. — 9) **Seeger**, Hdb. d. popul. Thlk. f. aufgekl. Oeconom. I. 1797. — 10) **Erxleben**, Prakt. Unterr. i. d. Vieharzneikd. 1780. — 11) **Pilger**, Hdb. d. Vet.-Wissensch. II. 1801. — 12) **Kitt**, Hdb. d. Vet.-Med. II. 1818. — 13) **Huzard**, Peripneumonie chronique ou Phthisie pulmonaire. Paris. An. VIII. — 14) **Hofacker**, Anl. z. Beurth. d. Hauptmängel d. Hausth. 1822. — 15) **Tscheulin**, Gerichtl. Thrhlk. 1822. — 16) **Ribbe**, Unterr. üb. d. Krankh. d. Rindes. 1822. — 17) **Dupuy**, De l'affection tub. Paris. 1817. — 18) **Spinola**, Ueber d. Vorkomm. v. Eiterknoten (vomicis) in d. Lungen d. Pferdes. 1839. — 19) **Veith**, Hdb. d. Vet.-Med. 1818. — 20) **Dietrichs**, Hdb. d. spec. Path. u. Tber. 1828. — 21) **Gurlt**, Lehrb. d. path. Anat. 1831. I. — 22) **Rychner**, Bujatrik. 1840. 1. Aufl. — 23) **Funke**, Hdb. d. spec. Patb. u. Ther. 1841. — 24) **Hering**, Hdb. d. spec. Path. u. Ther. 1849. — 25) **Spinola**, Hdb. d. spec. Patb. u. Ther. 1858. — 26) **Fuchs**, Path. Anat. d. Hausth. 1859. — 27) **Gluge**, Atl. d. path. Anat. Lief. 15 u. 16. 1850. — 28) **Förster**, Hdb. d. spec. path. Anat. 1863. S. 237. — 29) **Bruckmüller**, Lehrb. d. patb. Zootomie. 1869. S. 601. — 30) Arch. f. wissensch. u. prakt. Thlk. Berlin. — 31) Berl. klin. Wchschr. — 32) **Virchow**, Hdb. d. spec. Path. u. Ther., — Würzburg. Verh. VII. 1857. S. 143. — 33) **Gerlach**, Die Fleischkost d. Menschen 1875. — 34) **Graumann**, Abhdl. üb. d. Franzosenkr. d. Rindes. 1784. — 35) Deutscbe Zeitschr. f. Thiermed. u. vergl. Path. — 36) **Florini**, Der kluge u. rechtsverst. Hausvater. 1702. — 37) **Fürstenau**, Kurze Einl. z. Haushalt- u. Vieharzneikunst. 1747. — 38) **Zink**, Oecon. Lexikon. 4. Edit. Leipzig 1764. S. 816. — 39) **Krünitz**, Oec. Encyclop. 1778. Bd. 14. S. 768. — 40) Göttinger gemeinnütz. Abhandl. 1774. 15. u. 16. Stück. — 41) Gelehrte Beitr. z. d. braunscbw. Anzeig. 1769. 62. Stück. — 42) **Hayne**, Seuchen d. nutzb. Hausth. 1836. S. 237. — 43) **Viborg**, Veter. Selskab. Skrifter III. 127. 128. — 44) D'**Arboval-Renner's**, Wörterb. d. Thrhlk. 1832. S. 57. — 45) Arcbives de méd. comp. Tom. I. 1843. — 46) Mittheil. a. d. thierärztl. Praxis im preuss. Staate. Neue Folge. — 47) **Gielen**, Rep. d. preuss. Vet.-Polizeigesetze. 1836. — 48) **Frenzel**, Die Franzosenkr. d. Rindes. 1799. — 49) **Gurlt**, Nachträge z. path. Anat. 1849. S. 66. — 50) **Rychner & Im Thurm**, Encyclop. 1837. — 51) **Fuchs**, Thierärztl. Zeitschr. 1850. S. 135. — 52) Mittheil. a. d. thierärztl. Praxis im preuss. Staate. (Aeltere Reihe). — 53) **Gurlt & Hertwigs** Magaz. d. ges. Thrhlk. — 54) **Kreutzer**, Grundr. d. Vet.-Med. 1853. S.624. — 55) **Kreutzer**, Centralztg. 1854. Nr. 4 u. 5. — 56) **Haubner**, Innere u. äussere Krankh. d. Hausth. 1858. 1863. — 57) **Gerlach**, Gerichtl. Thierblk. — 58) **Röll**, Lehrb. d. Patb. u. Ther. 2. Aufl. 1859. — 59) Bericht üb. d. Vet.-Wesen im Königr. Sachsen. — 60) **Roustan**, Recberches sur l'inculabilité de la Phthisic. Paris 1867. — 61) Jahresber. d. Thierarzneischule zu Hannover. — 62) Oesterr.

Vierteljahrschr. f. wissensch. Thierheilk. — 63) Rep. d. Thierhlk. v. Hering.
— 64) Zürn, Zoopatholog. u. zoophys. Unters. 1872. — 65) Archiv f. experiment. Pathol. — 66) Gaz. med. Italien.-Lomb. — 67) Virchow, Archiv.
— 68) Arch. de physiol. norm. et path. — 69) Ber. d. Münchner Thierarzneisch. 1879/1880. — 70) The med. Tim. and Gaz. — 71) The brit. med. Journ.
— 72) On the artificial product. of tub. London 1868. — 73) Edinh. med.
Journ. — 74) Etude clinique de la phthisie galop. Paris 1874. — 75) Volkmann, Vorträge. — 76) La Spermentale. — 77) Medic. Centralbl. — 78)
Cohnheim, Allgem. Pathol. 2. Aufl. — 79) Arch. vétérin. — 80) Rec. de
méd. vét. — 81) Ruge, Beitr. zur Lehre von der Tuh. Diss. Berlin 1869. —
82) Allgem. med. Centralztg. 1877. Nr. 65. — 83) Ber. üh. d. 12. Vers. d.
ophth. Gesellsch. z. Heidelberg. 1879. — 84) Archiv f. Ophthalm. — 85) Archiv
f. kl. Med. — 86) Veterinarian. 1875. S. 49. — 87) Journ. de méd. vét. —
88) Gaz. méd. de Lyon. — 89) Zeitschr. f. prakt. Vet.-Wissensch. (Bern.) —
90) Adam, Wochenschr. f. Thierhlk. u. Viehz. — 91) Tidskrift for Vet. —
92) Schreiher, Zur Lehre v. d. artif. Tuh. Inauguraldiss. Königsberg 1875.
— 93) Der Thierarzt. — 94) Revue d. Thierheilk. — 95) Presse méd. belg.
— 96) Archiv d. Heilkde. — 97) Schüppel, Unters. üh. Lymphdrüs.-Tuh.
Tühingen 1871. — 98) Buhl, Lungenentzünd. München 1872. — 99) Rindfleisch, Hdh. d. path. Gewebslehre. — v. Ziemssen, Hdh. d. spec. Path. V.
— 100) E. Wagner, Das tuherkelähnl. Lymphadenom. Leipzig 1871. — 101)
Hering, Studien üher Tuberkulose. Berlin 1873. — 102) Birch-Hirschfeld, Hdb. d. path. Anat. 1. Aufl. — 103) Billroth, Unters. üh. Entwicklung d. Blutgef. Berlin 1856. S. 32. — 104) Ziegler, Ueber path. Bindegewehsneub. 1876. — 105) Heidenhain, Ueber die Verfettung fremd. Körper
i. d. Bauchh. leh. Th. I.-D. Breslau 1872. — 106) Ziegler, Ueher d. Herkunft d. Tuherkelelemente. Würzhurg 1875. — Lehrh. d. allgem. u. spec.
pathol. Anat. Jena 1881. — 107) Talma, Studien üh. d. Lungenschwinds.
Utrecht 1878. — 108) Wien. med. Jahrh. — 109) Aerztl. Intelligenzhlatt. —
110) Petersburger Archiv f. Vet.-Wissensch. — 111) Wagner, Allgem. Path.
1876. — 112) Rudneff, Ueber Tub. u. tuberk. Neuh. a. d. serös. Häuten.
Diss. 1875. — 113) Fürstenherg, Die Milchdr. d. Kuh. 1868. — 114) Oesterr.
Monatsschr. f. Thierärzte. — 115) Lehmann, Die landwirthsch. Versuchsstationen 1866. — 116) Cohnheim, Die Tuherk. vom Standpunkt d. Infectionslehre. Leipzig. 2. Aufl. — 117) Schüller, Exp. u. hist. Unters. üh. Entst.
u. Urs. d. scrof. u. tub. Gelenkleid. Stuttgart 1880. — 118) Gaz. méd. de Paris.
— 119) Deutsche med. Wochenschr. — 120) Wien. med. Presse. — 121) Revue vétérin. — 122) Rust's Magaz. 35. Band. 2. Heft. — 123) v. Buhl, Mittheil. a. d. path. Instit. zu München. 1878. S. 200. — 124) Aufrecht, Path.
Mittheil. Magdehurg 1881. — 125) 17. Ber. üb. d. Thätigk. d. Jenner'schen
Kinderhosp. in Bern. 1879. S. 27. — 126) Archiv f. Kinderheilk. 1880. I. 414.
— 127) Eulenhurg, Realencykl. f. d. ges. Heilkunde. X. 503. — 128) Prager
Vierteljahrschr. 1878. S. 115. — 129) Hergard, Lehrh. d. Kinderkrankh.
1875. S. 303. — 130) Amtl. Bericht üh. d. 2. Vers. d. deutsch. Vet.-Rathes.
Augsburg 1875. — 131) Lustig, Die Frage der Zulässigk. d. Fleisches u. d.
Milch perls. Rinder f. d. menschl. Genuss. Augshurg 1876. — 132) Philadelphia med. Tim. Dec. 1881. — 133) Deutsche Zeitschr. f. Chirurgie. — 134)
Vogel, Physik. Diagnostik. Stuttgart 1874. S. 325. — 135) Annacker, Hdh.
d. Path. u. Ther. Hannover 1879. S. 328. — 136) Seer, Hdb. d. Thierheilk.
1856. — 137) Union méd. 1868. No. 12. — 138) Lancet. 1867. No. 2. — 139)
Weber, Transact of the clin. Soc. of London. Vol. VII. 1874. — 140) Deutsche
Klinik 1874. Nr. 21. 22. 1875. Nr. 8 u. 9. — 141) Klein, Quelques considérations sur la tuherc. 1870. — 142) Schmidt's Jahrh. d. ges. Med. Bd. 144.
S. 227. — 143) Deutsch. Med.-Ztg. VIII. Nr. 36. — 144) Pütz, Seuchen etc.
1882.

EINLEITUNG.

Ueberblickt man die Arbeiten, welche in den verflossenen 100 Jahren auf dem Gebiete der allgemeinen Pathologie geleistet worden sind, so dürften wenige Krankheiten einen gleichen Wettkampf der bedeutendsten Geister hervorgerufen haben, als die Tuberculose. Freilich das Ziel, dem alle diese Arbeiten zustrebten, war auch ein hohes! Galt es doch, nicht nur eine furchtbare Geisel des Menschengeschlechtes zu brechen, sondern auch deren ätiologische Beziehungen zur Tuberculose unserer Hausthiere, besonders der des Rindes, zu ermitteln, und damit eine Krankheit näher zu erforschen, deren eminente Bedeutung für die öffentliche Gesundheitspflege einerseits, und für unsere Landwirthschaft und Viehzucht andererseits nicht mehr länger verkannt werden kann.

Noch ist dieses Ziel nicht vollständig erreicht, noch harren so manche hochwichtige Fragen ihrer Lösung; aber mehr und mehr hat sich seit Villemin's (1865) epochemachenden Arbeiten die Ueberzeugung Bahn gebrochen, dass die Tuberculose bei Thieren und Menschen nicht nur eine der verbreitetsten und wegen ihrer Unheilbarkeit gefürchtetsten Krankheiten — oder wie sich Cohnheim und Koch ausdrücken, nicht nur das einmal gegebene Product unserer socialen und wirthschaftlichen Verhältnisse — nicht nur der Ausdruck des socialen Elendes — ist, sondern dass sie als eine übertragbare Infectionskrankheit betrachtet werden müsse.

Ja noch mehr! Dem genialen Forscher auf dem Gebiete der Bacteriologie, Koch in Berlin, ist es in der allerneuesten Zeit nicht nur gelungen[*]), die parasitäre Natur des Tuberkelvirus im Allgemeinen, sondern auch den von ihm entdeckten Tuberkelbacillus mit zweifelloser Sicherheit in den Tuberkeln bei Menschen und Thieren nachzuweisen, und damit die Identität beider Processe positiv festzustellen.

Ohne sich einer optimistischen Schwärmerei hinzugeben, darf

---

*) [31]) 1882, No. 15.

man daher wohl behaupten, dass durch die neuesten Koch'schen Arbeiten die pathogenetische Seite der Tuberkelfrage in ihren Hauptzügen als erledigt zu betrachten ist, und dass man nun ernstlicher als bisher daran denken muss, die Consequenzen zu erwägen, welche sich unvermeidlich aus der infectiösen Natur der Tuberculose ergeben. Wenn man sich bisher offenbar scheute, das Facit aus dem grossen Exempel zu ziehen, an dem die bedeutendsten Forscher seit nunmehr fast 30 Jahre mit rastlosem Eifer gerechnet haben, so wird man jetzt offenbar gezwungen sein, die Gefahren rücksichtslos ins Auge zu fassen, welche die Tuberculose der Schlachtthiere, speciell die des Rindes und Schweines für das Menschengeschlecht bietet. Die vielfach an sträflichen Leichtsinn grenzende Sorglosigkeit, mit welcher die Landwirthschaft dem Umsichgreifen der Tuberculose bei den genannten Thiergattungen zusah, wird aufhören müssen, und die Medicinal- und Veterinär-Polizei dürfte genöthigt sein, entschiedener gegen die Tuberculose Stellung zu nehmen, als bisher.

Die Geschichte der Tuberculose ist damit an einem Wendepunkt angelangt, dessen Tragweite zur Zeit noch nicht abzusehen ist — ein Wendepunkt, der aber nicht unerwartet, sondern seit Jahren vorbereitet, und für diejenigen, welche den Arbeiten auf diesem Gebiete aufmerksam gefolgt sind, wie etwas längst Erwartetes eintritt.

Es dürfte eine dankbare Aufgabe sein, von diesem Wendepunkt aus einen Rückblick auf den Entwicklungsgang unseres heutigen Wissens über Tuberculose mit besonderer Berücksichtigung der Tuberculose des Rindes zu werfen. Begeht letztere doch in diesem Jahre ein Jubiläum ganz eigener Art. Das im Jahre 1782 von dem damaligen Kreisphysikus Heim über die vollständige Geniessbarkeit des Fleisches perlsüchtiger Rinder an das Ober-Sanitäts-Collegium zu Berlin abgegebene Gutachten bezeichnet nämlich den Zeitpunkt, von welchem ab die Tuberculose des Rindes jede Bedeutung für die Medicinal- und Veterinär-Polizei verlor. Die im Jahre 1882 von Koch gemachte Entdeckung hingegen bildet quasi den Schlussstein für eine Reihe höchst interessanter, die Infectiosität und Unität der bei Menschen und Thieren vorkommenden tuberculösen Processe betreffenden Untersuchungen, durch welche die Tuberculose des Rindes wiederum zu einem Gegenstand von der höchsten hygienischen Bedeutung geworden ist.

ERSTE ABTHEILUNG.

Die Geschichte der Tuberculose.

ERSTER ABSCHNITT.

Periode vor Villemin.

Die Lehre von der Tuberculose in unserem heutigen, modernen Sinne ist bekanntlich eine verhältnissmässig junge; sie datirt erst aus den letzten Jahrzehnten des vorigen Jahrhunderts. Vor dieser Zeit wurde der Ausdruck Tuberkel lediglich im descriptiven Sinne zur Bezeichnung knötchenförmiger Neubildungen der allerverschiedensten Abstammung gebraucht. Jene als Miliartuberkeln bezeichneten kleinen, gefässlosen, zelligen Knötchen, welche über eine gewisse Grösse nicht hinauswachsen, sondern, auf diesem Entwicklungspunkt angelangt, verkäsen, sind im Alterthum und Mittelalter vollständig unbekannt gewesen. Auch die grösseren, aus der Confluenz dieser kleinen Miliartuberkeln entstehenden Knoten sind bis gegen Ende des 18. Jahrhunderts nur als einfache Eiterherde ohne irgend welche specifische Eigenschaft betrachtet worden. Alle Versuche, die man seit der Entdeckung des eigentlichen oder sogenannten Miliartuberkels gemacht hat, den Nachweis zu liefern, dass der Tuberkel in unserem heutigen, specifischen Sinne schon den älteren Autoren über Lungenschwindsucht (Phthise) bekannt gewesen sei, sind daher als verfehlte zu betrachten (vergl. [2]) und [3])).

Für die ältesten medicinischen Autoren, Hippokrates (460—377 v. Chr.), Celsus (30 v. — 50 n. Chr.), Aretäus (c. 100 Jahre n. Chr.), Galenus (131—200 n. Chr.) etc., hat das Wort Phthisis keine andere Bedeutung als den der Vereiterung und Verschwärung der Lunge gehabt, trotzdem von ersterem bereits eine mustergültige Beschreibung des Lungenschwindsucht vorliegt. Das Wort „Tuberkel" im Sinne eines derben, festen Knotens findet sich überhaupt erst in den Arbeiten derjenigen

Forscher, denen es mit der Anerkennung der Anatomie als einer berechtigten Wissenschaft möglich wurde, häufiger Sectionen menschlicher Leichen vorzunehmen. Hierbei stiess man in den Lungen auf verschiedene, knötchenartige Gebilde, welche man bald als Tuberkeln (von Tuberculum, das Knötchen), bald als Scirrhus, Struma oder Steatoma bezeichnete, ohne dieselben aber vorerst in irgend welche ätiologische Beziehung zur Lungenschwindsucht zu bringen. Der Erste, welcher einen genetischen Zusammenhang zwischen Lungenknoten und Phthise annahm, war Sylvius [2]) (Bd. II, S. 622), welcher 1695 die Ueberzeugung aussprach, dass ein Theil der Phthisen aus kleineren oder grösseren Lungenknoten, ein anderer aus Pneumonien und Katarrhen hervorginge, dass beide Processe aber schliesslich zur Eiterung und Cavernenbildung führten. Sylvius war auch der Erste, welcher die Lungenknötchen aus kleinen, dem Auge für gewöhnlich entgehenden Lymphdrüschen entstehen liess, die bei einer gewissen, sog. scrophulösen Constitution wachsen, sichtbar werden und nach Erlangung einer gewissen Grösse eitrig zerfallen sollten.

Ganz zweifellos sind die Miliartuberkeln schon von Manget beobachtet worden. In seiner 1700 erschienenen Neubearbeitung des grossen Bonnet'schen Werkes — einem der ersten auf dem Gebiete der pathologischen Anatomie — führt derselbe den Sectionsbefund eines Phthisikers an, dessen Lunge, Leber, Milz, Darm, Nieren und Mesenterialdrüsen mit „hagelkornartigen" Knötchen von Form und Grösse „eines Hirsekornes" — Semen milii — durchsetzt gewesen sein sollen. Er beschrieb bereits deren Verkäsung, liess sie aber ebenfalls aus kleinen Drüschen hervorgehen.

In ganz demselben Ideenkreis, welcher die Tuberculose und Scrophulose in die engsten Beziehungen zu einander stellte, bewegten sich die Anschauungen der auf dieser Basis weiter bauenden, gleichzeitig oder bald nachher lebenden Forscher, unter denen besonders Morton, Sydenham, Leigh, Mead, van Swieten und Morgagni Erwähnung verdienen.

Erst Stark aber, dessen Werk 1785, d. h. 15 Jahre nach dem Tode seines Verfassers erschien, legte grösseres Gewicht auf die von ihm sehr eingehend beschriebenen Miliartuberkeln. — Reid, der gleich Cullen, Stark's Beobachtung vollständig adoptirte, ging noch einen Schritt weiter. Er war der Erste, welcher 1785 die kleinen miliaren Knötchen als etwas vollständig

Selbständiges, Neugebildetes, mit vergrösserten Lymphdrüsen, resp. Scrophulose nicht Zusammengehöriges hinstellte und überhaupt das Vorkommen kleiner Lymphdrüsen im Lungenparenchym vollständig leugnete. Er blieb mit seinen Anschauungen indess vorerst vereinzelt, und seine Zeitgenossen und Nachfolger, z. B. Cullen, Kortum, Baume, Hufeland etc., huldigten fortgesetzt der Ansicht, dass die Lungenknoten Drüsen- resp. Scrophelknoten seien, welche unter der Einwirkung einer sog. Scrophelschärfe aus präexistirenden Lymphdrüsen der Lunge entständen.

Nur Baillie verfolgte die Stark'sche Entdeckung weiter. Nicht nur dass er sich in seiner 1794 in deutscher Uebersetzung erschienenen pathologischen Anatomie ganz entschieden gegen eine Gleichstellung der Tuberkel- und Scrophelknoten erklärte, machte er auch insofern einen bedeutenden Fortschritt, als er die Entstehung der grossen Lungenknoten aus den kleinen miliaren Knoten nachwiess. Er schied diese Knoten streng von anderen, diffusen, käsigen Einlagerungen in der Lunge, welche er als „scrophulöse Materie" oder „scrophulöse Infiltration" bezeichnete. — Auch der zu gleicher Zeit lebende Portal stimmte mit diesen Ansichten im Allgemeinen überein, nur dass er die von Baillie als „scrophulös" bezeichnete Materie eine „tuberculöse" nannte, ein Missgriff, der später von Laënnec gewissermaassen die wissenschaftliche Sanction erhielt.

Der eigentliche Begründer der Tuberkellehre war aber Bayle. Er führte zu Anfang des 19. Jahrhunderts (1810) für die kleinen, ja schon vor ihm bekannten und mit Hirsekörnern verglichenen Knötchen den Namen „Miliartuberkeln" in die Wissenschaft ein und beschrieb genau ihre Entwicklungsphasen und ihre Betheiligung an der Bildung der grösseren Tuberkelknoten. Er war es auch, welcher zuerst den genetischen und klinischen Zusammenhang der in den verschiedensten Organen desselben Organismus vorkommenden tuberculösen Processe richtig erkannte, hierdurch die Tuberculose zuerst zu einer Allgemeinerkrankung stempelte und ihren Ursprung auf eine tuberculöse Diathese zurückführte.

Im vollen Umfange wurde diese Lehre von Laënnec in seinem 1819 veröffentlichten Werke über die Krankheiten der Lunge und des Herzens adoptirt. In geradezu classischer Weise beschrieb dieser hochverdiente Forscher die Entwicklungsgeschichte des Tuberkels, ging aber leider noch einen Schritt weiter als Bayle, indem er auch jede nicht scharf begrenzte käsige Infiltration, gleichviel wo er sie fand und welchen Ursprung dieselbe hatte, als eine „tuberculöse" bezeichnete. Hierdurch machte er das Käsige zum Hauptkriterium der Tuberculose, so dass man mit Magendie, Rokitansky, Reinhardt u. A. allmählich dahin gelangte, jede Verkäsung als „Tubercularisation" zu bezeichnen, selbst wenn es sich dabei um einfache regressive Metamorphosen gewöhnlicher Entzündungsproducte handelte.

Es ist das Verdienst Virchow's, in diese Verwirrung einige Klarheit gebracht zu haben. Dieser wies in der Mitte der 60er Jahre nach, dass die Verkäsung nicht allein an bestimmte pathologische Processe und Gewebsarten gebunden sei, sondern dass alle möglichen entzündlichen und hyperplastischen Neubildungen unter gewissen, abgeänderten Ernährungsverhältnissen verkäsen könnten. Nur diejenigen Processe dürften als tuberculöse bezeichnet werden, welche aus kleinen submiliaren, gefässlosen, lymphfollikelartigen Knötchen hervorgingen, aus rundlichen, lymphkörperähnlichen Zellen zusammengesetzt seien und nur bis zur Grösse eines Hirsekornes weiter wüchsen, um, auf diesem Höhepunkt ihrer Entwicklung angelangt, zu verkäsen. Von diesen echten tuberculösen Processen trennte Virchow aber streng alle diejenigen Verkäsungen, wie sie bei gewissen hyperplastischen und entzündlichen Zuständen, z. B. bei scrophulösen Lymphdrüsentumoren, bei käsiger Pneumonie, selbst in gewöhnlichen entzündlichen Exsudaten und verschiedenen Tumoren vorkommen. Nicht die Verkäsung als solche, sondern ihre Genese aus submiliaren Knötchen ist nach ihm für die Tuberculose charakteristisch. Er stellte sich somit auf einen streng anatomischen Standpunkt und betrachtete den Tuberkel als eine aus dem Bindegewebe und seinen Verwandten hervorgehende, heteroplastische, lymphoide Bildung, als eine in Form einer Granulation aus den präexistirenden Gewebszellen hervorgehende, irritative, nicht selten entzündliche Neoplasie[2]) (Bd. II, S. 714, 715). Virchow leugnete übrigens zugleich das Vorkommen echter Tuberkel bei Thieren (ibid. S. 716) und führte ihre Entstehung auf eine allgemeine oder örtliche Diathese zurück, welche eine locale oder allgemeine „Vulnerabilität der Gewebe" bedinge. Diese erzeuge eine specifische Prädisposition der Gewebe, in Folge deren nicht allein nur „specifische, scharfe und reizende Substanzen", sondern auch örtliche Reize gewöhnlicher Art (Erkältungen, Traumen — ibid. S. 725) den „Krankheitsreiz (die Materia irritans)" bilden, und das Gewebe zur tuberculösen Wucherung anregen könnten. Diese durch eine schlechte Ernährung erworbene, angeborene oder ererbte Prädisposition involvire zugleich eine Verschlechterung des Blutes, in Folge deren den neuentstandenen Theilen so ungeeignetes Bildungsmaterial zugeführt werde, dass dieselben absterben und zerfallen müssten (ibid. S. 720). Auf diese Weise liesse sich nicht blos das Auftreten „eines Tuberkels, sondern auch die primär multiple, nach Art eines Exanthems erfolgende Eruption" erklären. Nebenher erkennt Virchow aber auch die Infectiosität der Tuberculose nicht blos in ihrem käsigen und erweichten, sondern auch in ihrem Wucherungsstadium an. In Folge derselben soll sich dieselbe nach Art der bösartigen Geschwulstbildungen — nach seiner Anschauung also durch Säfte oder Zellen (Bd. I, S. 52) — auf dem Wege der Blut- und Lymphbahnen von einem auf die erstere Weise entstandenen primären Tuberkel (Mutterknoten) aus nicht nur regionär verbreiten (also Tochterknoten in der Umgebung bilden), sondern durch Metastasenbildung auch generalisiren können (ibid. S. 725).

Die Scrophulose trennte hierbei Virchow vollständig von der Tuberculose. Er bezeichnete sie als einen entzündlichen oder hyperplastischen Process in bereits vorhandenen Lymphdrüsen, dessen Producte, schon sehr frühzeitig einer regressiven Metamorphose verfallend, meist verkästen und erweichten. Sei aber auch das Endproduct beider, die käsige Materie, das Gleiche, so seien doch die ätiologischen Grundprocesse der Scrophulose und Tuberculose durchaus verschieden.

Fast zu derselben Zeit — 1857 — war von Buhl[4]) eine neue, schon theilweise von Virchow[2]) (Bd. II, S. 722) zurückgewiesene Theorie über das Wesen der Tuberculose aufgestellt worden, welche noch bis in die Gegenwart eine Reihe der competentesten Forscher zu ihren Anhängern zählte. Er ging noch einen Schritt weiter als Virchow. Nach ihm ist die Tuberculose eine specifische Resorptions- und Infectionskrankheit, hervorgerufen durch ein besonderes Gift, den tuberculösen Virus, welcher sich in käsigen Herden jeder Art und jeden Umfanges — also nicht, wie Virchow meint, nur in localen, primären Tuberkeln — bilden könne. Gelange dieser Virus zur Resorption und in den Blutstrom, so könne er, überall wo er mit den Geweben in Berührung komme, Miliartuberkeln erzeugen, die nun ihrerseits durch neue Verkäsung eine Quelle fortgesetzter Selbstinfection mit Tuberkelvirus würden. Diese sogenannte Käseinfectionstheorie näherte sich somit einer schon früher von Dittrich[2]) (Bd. I, S. 112 und Bd. II, S. 631) ausgesprochenen Ansicht, nach welcher die Tuberculose überhaupt durch Aufnahme von zerfallenen Gewebstheilen aller Art, sog. Gewebsdetritus in das Blut, quasi durch eine Verunreinigung des letzteren hervorgerufen werden sollte.

Diese Buhl'sche Theorie wurde die Vorläuferin einer neuen Lehre, welche aus dem nunmehr fast zwei Jahrzehnte andauernden Kampfe um das eigentliche Wesen der Tuberculose als Siegerin hervorgegangen ist.

Schon vor Buhl waren hinsichtlich der Iufectiosität der menschlichen Tuberculose verschiedene Uebertragungsversuche angestellt worden. So von Kortum (1789), Hébréard (1802), Salmade (1805), Lepelletier (1830), Goodlad und Deygallières (1829), Laënnec, Erdt (1834) u. A. Nachdem auch Klenke[3]) (S. 98 u. folg.) 1843 berichtet hatte, dass es ihm gelungen sei, durch Einbringen „von Tuberkelzellen" aus „miliaren und grauen, infiltrirten Tuberkeln" in die Halsvene eines Kaninchens „eine weitverbreitete Tuberculose in Leber und Lungen" hervorzurufen, war es Villemin, welcher 1864 die Tuberculose zuerst mit aller Bestimmtheit für eine specifische Infectionskrankheit erklärte[5]) (XXXI, S. 211, [6]) 1865 No. 50 und [7]) LXI, 1866). Sie sei eine Krankheit, welche unabhängig von sonstigen inneren und äusseren Verhältnissen nur durch Einverleibung tuberculöser Substanzen erzeugt und durch Impfung von Thier zu Thier und von Mensch auf Thier übertragen werden könne.

Wohl kaum hat jemals eine so positiv hingestellte Behauptung einen solchen Impuls zu wissenschaftlichen Arbeiten auf dem Gebiete der experimentellen Pathologie gegeben, als diese neue Lehre von Villemin. Die bedeutendsten Gelehrten haben ihre ganze Kraft und ihren Scharfsinn daran gesetzt, die Begründung derselben oder ihre Nichtigkeit zu beweisen.

Dass alle diese Untersuchungen von grossem Einfluss auf die Kenntniss der Tuberculose unserer Hausthiere, besonders der des Rindes wurden, und diese hierdurch erst die Beachtung fand, welche ihr in der öffentlichen Hygiene zukommt, ist selbstverständlich. Es erscheint daher sachlich gerechtfertigt, an dieser Stelle einen historischen Rückblick auf ihre Geschichte bis zu dem Zeitpunkt zu werfen, wo **Villemin** die Aufmerksamkeit der Forscher auf dieselbe lenkte und damit die Geschichte der menschlichen und thierischen Tuberculose eng verknüpfte.

Die beiden Hauptformen der Tuberculose des Rindes, von denen hier hauptsächlich die Rede sein wird — die der Lunge und die der serösen Häute — wurden früher nicht als zusammengehörige Krankheitszustände betrachtet. Jede besitzt ihre besondere Geschichte.

Die historisch ältere Form ist die wie beim Menschen der Lungenschwindsucht (Phthisis pulmonum) zugerechnete **Lungentuberculose**, die in der älteren Veterinärmedicin wohl auch als Lungensucht, Lungenfäule, Phthisis pulmonum ulcerosa, bezeichnet worden ist. Wie bei der Lungenschwindsucht des Menschen, so handelt es sich indess auch hier um ein Zusammentreffen der verschiedensten Processe, zwischen denen erst in der neuesten Zeit allmählig eine Sonderung erfolgt ist.

Hinsichtlich ihrer ältesten Geschichte genügt es zu constatiren, dass letztere im Wesentlichen mit der älteren Geschichte der menschlichen Lungenschwindsucht zusammenfällt. Wie alle Autoren des Alterthums bis in die neuere Zeit mit dem Begriff Lungenschwindsucht des Menschen nur den der Verschwärung und Vereiterung der Lungen verbanden und die verschiedenartigsten unter diesem mikroskopischen Bilde verlaufenden Krankheitsprocesse unter dem noch heute das medicinische Bürgerrecht behauptenden Namen Phthisis pulmonum zusammenfassten, so auch in der Thierheilkunde. Es ist dies leicht erklärlich, wenn man bedenkt, dass sich die Uranfänge einer selbständigen Thierheilkunde nicht bis über die Mitte des 18. Jahrhunderts zurück datiren lassen, die Thierarzneiwissenschaft in ihrer jetzigen Gestalt sogar als Kind der neuen Zeit zu betrachten ist. Was vorher in der wissenschaftlichen Erforschung der Thierkrankheiten geleistet worden war, ist fast ausnahmslos das Werk derjenigen Männer, welche sich vorzugsweise mit der Erforschung und Behandlung menschlicher Krankheiten beschäftigten. Ja man darf wohl sogar annehmen, dass das, was die alten griechischen und römischen Schriftsteller über Lungenschwindsucht des Menschen berichten, sich zum Theil auf die bei den Sectionen von Thiercadavern gemachten Beobachtungen aufbaut, da die Section menschlicher Leichname erheblichen Beschränkungen unterlag. Einer der ältesten Schriftsteller, welcher der Lungenschwindsucht des Rindes gedenkt, ist Columella (40 n. Chr). Auch er spricht von einer Verschwärung der Lunge (exulceratio pulmonum), und wie schon die bis vor wenigen Jahrzehnten noch üblichen synonymen Bezeichnungen, Lungensucht, Lungenfäule etc., lehren, drehen sich um diese Vorstellungen einzig die Kenntnisse aller späteren wissenschaftlich gebildeten und Laien-Autoren, welche über Lungenschwindsucht des Rindes geschrieben haben. Dass auch speciell die jüdischen Gesetzgeber die Lungentuberculose resp. Lungenschwindsucht des Rindes gekannt haben, geht aus den von Waldenburg[3]) (S. 24) berichteten Thatsachen hervor. Die in der Mischna (redigirt gegen Ende des II. Jahrhunderts n. Chr.) erwähnten Löcher (perforirende Geschwüre) und Defecte eines Organs (Lunge, Luftröhre, Magen, Herz etc.) müssen ebenso sicher auf die erwähnten Lungenkrankheiten bezogen werden, wie die in der Gemara (redigirt um das Jahr 500 n. Chr.) angeführten Verstopfungen der Lunge mit Eiter und die mit Eiter angefüllten Gewächse in der Lunge. Ebenso lassen sich, wie schon Waldenburg (l. c.) hervorhebt, die von dem französichen Gelehrten Raschi (gestorben 1105) in den Lungen der Schlachtthiere aufgefundenen harten und schweren Geschwülste von der Farbe des Eiters ohne Zweifel zum Theil auf die Lungentuberculose — von ihm Perlsucht genannt — beziehen.

Alle späteren Schriftsteller über Thierkrankheiten, bis weit in das 19. Jahrhundert hinein, sind über diese alten Begriffe von Lungenschwindsucht nicht hinausgekommen. Alle sprechen nur von Knoten und Verhärtungen in den Lungen, welche in Eiterung übergehen und zur Zerstörung des Lungengewebes führen, so Willburg[3]), Seeger[9]), Erxleben[10]), Pilger[11]), Kitt[12]) u. A. Die Untersuchungen, welche Ende des 18. Jahrhunderts Chabert (1794) und Huzard[13]) über die seit circa 20 Jahren unter den Milchkühen von Paris und Umgegend herrschende Lungenkrankheit anstellten, lassen es unzweifelhaft, dass beide nur von einer Lungenphthise im älteren Sinne sprechen, von einer Tuberculose des Rindes im heutigen wissenschaftlichen Sinne aber nichts gewusst haben. Selbst als Stark (1785), Reid (1785) und Baillie (1794) den Miliartuberkel entdeckt und genau beschrieben hatten, letzterer auch dessen wesentlichen Antheil an der Bildung der grösseren Lungentuberkel dargelegt und endlich Bayle (1819) die Lehre von der Tuberculose fest begründet hatte, blieben in der Thierheilkunde die alten Anschauungen über Lungenschwindsucht zunächst noch bestehen, wie dies die Arbeiten von Hofacker[14]), Tscheulin[15]), Ribbe[16]) etc. beweisen. Keinesfalls hat einer der bisher genannten thierärztlichen Schriftsteller das Wort Tuberkel anders als im descripten Sinne angewendet.

Dupuy[17]) scheint 1817 dasselbe in der Thiermedicin zuerst im Sinne seines grossen Landsmannes Baillie, im doctrinären Sinn, gebraucht zu haben. Er ging bei der Schilderung der Tuberculose zunächst von den kleineren, bei der Rotz- und Wurmkrankheit der Pferde in den Lungen vorkommenden Knötchen aus, welche nach späteren Untersuchungen mit Tuberculose nicht identisch sein sollen. Im Anschluss hieran behandelte er dann die Phthise der Affen, die Lungentuberculose und Perlsucht des Rindes etc., beging aber hierbei den Irrthum (l. c. p. 262), sie mit allen möglichen Hydatidenbildungen in Verbindung zu bringen, ein Irrthum, der sich bereits seit Hippokrates[2]) (Bd. II, S. 561) in die Menschenmedicin eingeschlichen hatte und nach Dupuy bezüglich der menschlichen Tuberkel noch von Baron und Ruhn[18]) (S. 115 und [2]) Bd. II, S. 633) festgehalten worden ist. Das bald nach Dupuy i. J. 1818 erschienene Handbuch von Veith[19]) steht hinsichtlich der Lungentuberculose noch vollständig auf dem alten Standpunkte. Von Tuberkeln wird nur bei der Rotzkrankheit gesprochen; die tuberculöse Natur der Perlsucht ist weder ihm, noch Dietrichs[20]) bekannt gewesen.

In der deutschen thierärztlichen Literatur hat Gurlt[21]) (S. 283) i. J. 1831 die tuberculöse Natur der Lungenschwindsucht ausgesprochen. Er entwirft ein ziemlich treffendes Bild der grösseren makroskopisch sichtbaren Tuberkeln und deren Metamorphosen und bezeichnete die Lungenschwindsucht, welche besonders bei Kühen vorkommen sollte, als eine Knotenschwindsucht (Phthisis tuberculosa). Die Knoten sollten theils im gesunden Gewebe sitzen und dann die schon von Baillie und Bayle als für den Tuberkel charakteristisch beschriebenen Veränderungen durchmachen, oder, wenn sie ihren Sitz in entzündeten Partien hätten, eine faulige Auflösung erleiden. Alle erweichten, verkästen Knoten in der Lunge seien ausnahmslos Tuberkel, da Eiterbildungen in der Lunge sehr selten vorkämen. Gurlt stellte sich somit vollständig auf den Laënnec'schen Standpunkt, einer Auffassung, der Spinola schon 1839[18]) (S. 115), sowie später (s. unten) ganz entschieden entgegengetreten ist. Vollständig auf dem Gurlt'schen Standpunkt stehen noch Rychner[22]) und Funke[23]), während Hering[24]) sich bereits bemüht hat, eine Sonderung der zur Lungenschwindsucht führenden pathologischen Processe anzubahnen. Er erklärte die am häufigsten beim Melkvieh vorkommende Krankheit für eine langwierige, fieberlose Verhärtung und Vereiterung der Lungensubstanz und zum Theil für eine unmittelbare Folge acuter Lungenkrankheiten, chronischer Katarrhe etc., zum Theil als Folge von Tuberkelbildung.

Die durch Ausschwitzung kleiner Bluttröpfchen entstehenden Tuberkeln sollten anfangs einen deutlichen rothen Hof zeigen und später ein graugelbliches Ansehen bekommen (knötchenförmige, lobuläre Pneumonien?). Sehr richtig betonte Hering aber schon, dass grössere Eitersäcke meist Folge einer Lungenentzündung, zuweilen aber auch durch Zusammenfliessen mehrerer kleiner, erweichter Tuberkeln entstanden seien. Auch hob er auf Grund eigener und der Erfahrungen Bouley's, Günther's und Spinola's[18]) hervor, dass Eiterresorption in wenigen Tagen Eiterung im Lungengewebe bedingen könnte, und erwähnt ferner endlich der secundär in der Leber und andern Organen der Bauchhöhle neben der Lungentuberculose vorhandenen Tuberkel.

Eine ziemlich specielle Schilderung der Lungensucht entwirft Spinola in seinem 1858 erschienenen Lehrbuche.[25]) Auch er schied, wie schon früher, die eigentliche Lungentuberculose scharf von den entzündlichen und metastatischen Processen, während von Fuchs[26]) zwar des Vorkommens der Tuberculose bei allen Hausthieren und in verschiedenen Organen derselben, nicht aber in den Lungen des Rindes Erwähnung geschieht.

Von menschenärztlichen pathologischen Anatomen hatte sich bis dahin nur Gluge[27]) näher mit der Tuberculose der Thiere beschäftigt. Sie soll nach ihm in allen Organen, beim Rind namentlich als Tuberculose des Bauchfelles und der Lungen vorkommen. Aehnlich Förster.[25]) Er hielt zwar die beim Rinde auftretende Tuberculose nicht für identisch mit der des Menschen, hob aber hervor, dass solche theils an den serösen Häuten, theils in den Lungen, in letzteren aber in zwei Formen vorkomme: 1. in der grauer, theils miliarer, theils grösserer, später verkäsender und durch Confluenz zur Bildung verschieden grosser, mit breiigem Detritus gefüllter Höhlen führender Tuberkel im interstitiellen Bindegewebe der Lunge; 2. in Form lobulärer, tuberculöser (verkäsender) Pneumonien. Auch fanden die sich an beide Formen häufig anschliessenden bronchiektatischen Processe, wie sie später von Bruckmüller[29]) (S. 600), Siedamgrotzky[30]) (Bd. IV. S. 401) und besonders von Virchow[31]) (1880, No. 14) specieller beschrieben worden sind, von ihm bereits Erwähnung.

Die ersten Arbeiten[32]) des letztgenannten Forschers über denselben Gegenstand waren schon vor der Förster'schen erschienen. Specieller ist Virchow später in der Sitzung der physikalisch-medicinischen Gesellschaft zu Würzburg, am 12. Mai 1855, auf die Tuberculose des Rindes eingegangen. Vollständig unberechtigt übertrug er aber zugleich den bisher nur für die knotenförmigen Neubildungen auf den serösen Häuten üblich gewesenen Namen Franzosenkrankheit oder Perlsucht auch auf die im Inneren der Organe (Lungen, Bronchialdrüsen, Leber, Uterus, Tuben etc.) vorkommenden, bisher als Tuberkel bezeichneten Neoplasmen, ein Missgriff, den auch Förster und nach ihm die meisten medicinischen Autoren begangen haben. Virchow erkannte zwar die grosse Aehnlichkeit der bezeichneten Neubildungen hinsichtlich ihrer Entwicklung und des Ganges der localen und constitutionellen Erkrankung mit der Tuberculose an, stellte sie aber nichtsdestoweniger in Parallele zu den Lymphosarcomen des Menschen. Bekanntlich ist er dieser Auffassung bis in die neueste Zeit treu geblieben und hat sie in allen seinen späteren Arbeiten über denselben Gegenstand nicht nur verfochten, sondern auch das Vorkommen echter, den menschlichen gleichen Tuberkeln in den Thier- resp. Rindslungen als ausserordentlich zweifelhaft hingestellt [2]) (Bd. II, S. 716 und [31]) 1880, No. 14).

Was die Geschichte der bei Thieren, besonders beim Rind auf den serösen Häuten vorkommenden Form der Tuberculose, der eigentlichen Perlsucht anbelangt, so ist dieselbe zwar kurz, der Wechsel der Anschauungen über ihre eigentliche Natur aber um so interessanter. Schon die Menge von Namen, die man ihr nach und nach bei dem Mangel einer klaren Erkenntniss über ihr Wesen beilegte, weisen hierauf hin. Man nannte sie Franzosenkrankheit, Venerie, Lustseuche, Geilsucht, geile Seuche, Unreinigkeit, Monatsreiterei, Hirsesucht, Traubenkrankheit, Meerlinsigkeit, Rindshamnen, Krannen, Grannigt-, Finnig-, oder Krättig-Sein, Zäpfigkeit, Zäckigkeit, Drüsenkrankheit, Sarkomdyskrasie, Perlsucht oder Perlschwindsucht, fibröse Tuberculose, primäre Tuberculose der serösen Häute, Rindstuberculose, — Morbus gallicus boum, Nymphomanie, Satyriasis, Parresyge, Cachexia boum sarcomatosa, Sarcomatosis infectiosa, Sarco-tuberculosis boum infectiosa, Tuberculosis serosa boum, Tuberculosis glandularis boum, Cachexia tuberculosa boum, Cachexia vaccarum tuberculosa, Tuberculosis pleuralis, Tuberculosis boum fibromatosa, Margarosis, La pommelière, Phthisie crétosée, Phthisie calcairée.

Ausserordentlich auffallend ist der Umstand, dass weder die alten thierärztlichen Schriftsteller, noch die alten jüdischen, so rigorösen Schlachtbestimmungen[3]) (S. 25) der der Perlsucht in so charakteristischer Weise eigenthümlichen, massenhaften, knotigen, meist rasch verkalkenden Neubildungen auf der serösen Auskleidung der Bauch- und Brusthöhle erwähnen. Ebensowenig geschieht dies in den schon seit Mitte des 8. Jahrhunderts von geistlichen und weltlichen Behörden wegen des Genusses von Fleisch kranker und crepirter Thiere erlassenen Verboten.[33])

Nach Graumann[34]) und [35]) (Bd. I. S. 329), dem wir die ersten ausführlichen Mittheilungen über die Perlsucht, damals noch allgemein „Franzosenkrankheit" genannt, verdanken, bilden einige nach 1680 erschienene Verordnungen, in welchen von „unreinem Vieh" die Rede ist, die ersten Spuren derselben. 1702 gebrauchte Florini[36]), welcher die letztgenannten Verordnungen übrigens nicht gekannt zu haben scheint, zum ersten Mal den Ausdruck „Franzosen, Franzosenkrankheit." Fürstenau[37]) brachte schon 1747 ausführlichere Mittheilungen über diese Krankheit und hielt sie für einen venerischen Process, während Zink[38]) (1764) dieser Behauptung widersprach. Nach Krünitz[39]) soll noch um das Jahr 1778 von derselben nicht viel mehr, als der Name bekannt gewesen sein, wogegen Dr. Rühling zu Northeim[40]) bereits 1774 das endemische Herrschen der Franzosenkrankheit unter dem Hornvieh beobachtete, und schon 1769 nicht nur ihrer Vererbung, sondern auch des Umstandes Erwähnung geschieht, dass in einer Heerde von 100 Stück jährlich 3—4 der Krankheit zum Opfer gefallen seien.[41])

Die Gründe für die seiner Zeit gegen den Genuss des Fleisches „französischer" Rinder erlassenen Verbote, sowie der Ursprung des Wortes „Franzosenkrankheit" sollen sich nach Graumann (l. c.) nur in Folgendem finden lassen. Man habe damals noch unter dem Eindruck des Schreckens gestanden, welchen die sich seuchenartig über Europa ausbreitende Venerie des Menschen (nach Bäumler, Ziemssen's Handbuch III. schon seit Ende des 15. Jahrhunderts als Morbus gallicus oder „Franzosen" bekannt) verursacht hatte. Weder Ursprung noch Verbreitungsart derselben habe man gekannt und sei bei dem Suchen nach der Erklärung für beide endlich auf die Sodomiterei verfallen. Der Erfinder dieser Idee sei Helmont gewesen. „Wenn nun," sagt Graumann, „einst strafbarer Beischlaf die venerische Seuche beim Menschen erzeugen konnte, so war es ebenso wahrscheinlich, anzunehmen, dass auch das missbrauchte Thier sie dadurch erhalten könne. Untersuchte man nun eine solche Kuh, die deshalb ihr Leben verlieren musste, und fand unglücklicher Weise solche widernatürliche, damals noch nicht bekannte und bemerkte Geschwülste, so mochte man leicht diese für Zeichen der Infection und des Daseins der venerischen Krankheit halten. Traf man eine andere Kuh, bei der sich diese Geschwülste zeigten, so dachte man, dass sie heimlich gemissbraucht wäre, und die Zeichen der unreinen schädlichen Begattung an ihrem Leibe trage. Solche Thiere durften nicht gegessen, sondern mussten der Gewohnheit gemäss verbrannt werden."

Diese von Helmont ausgesprochene Vermuthung war von tief einschneidenden Folgen. Nach und nach hatte der Glaube, dass der Genuss des mit dem venerischen Gifte erfüllten Fleisches schädlich sei, immer tiefere Wurzeln geschlagen, und die Regierungen, aufmerksam hierauf geworden, verboten denselben schliesslich ein für allemal. Dummheit und Aberglaube thaten das Uebrige und so entwickelten sich Zustände, von denen man sich heute kaum noch eine rechte Vorstellung machen kann. Graumann sagt hierüber [34]) (S. 13):

„Wenn ein Hauptvieh in dem Innern seines Leibes gewisse traubenförmige Auswüchse hat, welche an der innern Haut des Körpers hangen, so glaubt man, dass ein solches Thier die Franzosen habe und inficirt sei. Weiter bedarf es nichts, wie dieser sonderbaren Geschwülste, und weiter wird auch keine Untersuchung mit dem geschlachteten Vieh angestellt, denn sobald der Schlächter diese unnatürlichen Bammelotten bemerkt, so wirft er das Messer hin, hört auf das Vieh anzufassen, und solches wird dem Frohnknecht überliefert, von dem der Schlächter noch wohl überdem, da, wo die Gewalt der Vorurtheile und Thorheiten grösser ist, seine dabei gebrauchten Werkzeuge mit einem Rthr. lösen muss, ehe sie wieder ehrlich werden, und von einem wackeren Amtsmeister angefasst werden können."

Ob die Thiere dabei fett oder mager waren, sei gleichgültig gewesen, sie mussten auf den Schindanger, während alle anderen

Krankheiten (Anfüllung der Lunge mit Eiter oder Wasser, Leberverhärtung, Geschwüre der Leber etc.) dem Verkauf des Fleisches nicht hinderlich gewesen wären.

Nachdem schon Zink (l. c.) auf die Unschädlichkeit des Fleisches perlsüchtiger Rinder aufmerksam gemacht hatte, war es wieder besonders Graumann, der im Auftrage der Regierung von Mecklenburg-Schwerin gegen die von ihm beschriebenen Missstände zu Felde zog. Er bezeichnet die Franzosengeschwülste, deren Sitz und Aeusseres er ziemlich richtig beschreibt, als eine Art Hydatiden (Echinococcen), die vielleicht nur etwas Besonderes hätten; eine Ansicht, welche ja später noch wiederholt aufgetaucht ist (vergl. Dubuy[17]), Hofacker[14]), Hayne[42]), Viborg[43]), D'Arboval[44]) u. A. Vergl. auch Rayer[45]) und Leonhardt[46]) [1880. S. 13] wegen des zufälligen Vorkommens von Echinococcen neben Tuberculose des Rindes). Die Ursache der Franzosenkrankheit sei ein Ueberfluss an Feuchtigkeit, die nicht mehr in den Gefässen aufbewahrt werden könne, sondern solche zersprenge, ausfliesse und dann die Geschwülste bilde. Er leugnet mit Kersting, der um dieselbe Zeit im Auftrage der Regierung von Mecklenburg-Strelitz ein Gutachten über die Franzosenkrankheit abgab, entschieden die Vererbung derselben, führt ihre Entstehung auf zu fette oder zu feuchte Weide zurück und versteigt sich schliesslich sogar zu der Behauptung, dass sie eigentlich gar keine wahre und reelle Krankheit sei.

Ebenso hatte sich in einem Bericht vom 26. Nov. 1782 an das Ober-Sanitäts-Collegium der damalige Kreisphysikus Heim gegen die syphilitische Natur und für die Geniessbarkeit des Fleisches perlsüchtiger Rinder ausgesprochen. Nichtsdestoweniger erschien noch im darauffolgenden Jahre von derselben Behörde ein „Regulativ zur Entscheidung, ob ein geschlachtetes Vieh mit der Franzosenkrankheit behaftet sei", welches noch vollständig unter dem Eindrucke der von Graumann und Heim widerlegten Anschauungen entstanden war und den Genuss solchen Fleisches verbot. Das in demselben entworfene Bild der Franzosenkrankheit passt auf keine der genannten Krankheiten des Rindes und lässt sich höchstens auf die menschliche Venerie übertragen. Allerdings sollen nach demselben Regulativ auch bei ganz gesunden und gut genährten Rindern an einzelnen Eingeweiden beim Schlachten schwammige, verhärtete, traubenartige, aber nicht als „Franzosen" bezeichnete Gewächse gefunden werden, nach deren Beseitigung das Fleisch ohne Nachtheil genossen werden könne und durchaus nicht dem Abdecker zu überweisen sei. Erst durch Verordnung des Generaldirectoriums vom 27. Juli 1785 [47]) wurden in Preussen sämmtliche wegen Genuss des Fleisches perlsüchtiger Rinder erlassenen Verbote aufgehoben, ein Vorgang, dem Oesterreich durch Verfügung vom 11. Juli 1788, und nachher alle deutschen Staaten folgten. Die alten Vorurtheile waren indess nicht so rasch auszurotten und noch 1810 soll nach Viborg [43]) der Widerwille gegen solches Fleisch wenig abgenommen, dieses sogar bis 1818 in Norwegen verworfen worden sein.

Mit Aufhebung der genannten Verbote war nun zwar die Perlsucht ihres syphilitischen Charakters entkleidet, ihr eigentliches Wesen und ihre tuberculöse Natur, viel weniger ihre Identität mit der Tuberculose des Menschen aber noch lange nicht anerkannt. Der Kampf der Meinungen hierüber reicht vielmehr bis in die Gegenwart hinein. Im Verein mit der Lungentuberculose des Rindes ist sie ein Gegenstand der vielfachsten Untersuchungen und wissenschaftlichen Differenzen gewesen, welche sich wesentlich um die Frage drehten: Sind Perlsucht und Lungenschwindsucht des Rindes identische, der Tuberculose zuzuzählende Processe? Complicirt wurde die Lösung derselben noch durch den Umstand, dass, während die französischen Pathologen und deren Anhang gleich von Haus aus mehr die Beziehungen der Perlsucht zur Tuberculose und Phthise hervorhoben, die Deutschen hingegen deren abdominale Form häufig mit der ihr vielfach combinirten Nymphomanie zusammen warfen.

Frenzel [45]), welcher 1799 über die Franzosenkrankheit des Rindes schrieb, konnte sich von den alten Anschauungen noch nicht vollständig losmachen. Er unterschied deshalb zuerst „fette und magere Franzosen". Letztere sollten mit hochgradiger Kachexie verbunden und der Fleischgenuss mit schweren Nachtheilen für die menschliche Gesundheit verbunden sein. Die Krankheit sei dabei ansteckend, vererblich und entspreche in ihrem ausgebildeten Grade der Venerie des Menschen. Gesteigerter Begattungstrieb veranlasse örtliche Fehler der Geschlechtstheile, von wo die Krankheitsmaterie nach anderen Theilen hingeleitet werde. Veith [19]) (S. 427) erklärte die knotenartigen Auswüchse für Folge einer luxuriösen Bildungsthätigkeit der serösen Häute, bedingt durch das Vorwalten coagulirbarer Lymphe. Ihm schliesst sich vollständig Dietrichs [20]) (S. 468) an, während Gurlt die Knoten 1831 in seiner pathologischen Anatomie[21]) (S. 52) für Tuberkeln, später aber für Gebilde hielt, welche mehr den Sarkomen gleichen sollen.[49]) Auch D'Arboval[44]) stellte die Perlsucht zur Lungenschwindsucht und beschrieb beide als Phthisis pulmonaris, während Hayne[42]) die Neubildungen (ausser wie auch D'Arboval aus Hydatiden) wesentlich aus einem formlosen, lymphatischen Gerinnsel als Folge einer rheumatischen Entzündung der serösen Häute entstehen liess. Aehnlich Rychner und Im Thurm[50]); beide hoben zugleich die Verschiedenheit der Nymphomanie und Tuberculose hervor. Hering[24]) (S. 138) und Fuchs[26]) (S. 222 und [51]) sprachen sich ganz bestimmt für die tuberculöse Natur der Perlsucht aus, wobei letzterer noch ganz besonders die Zusammengehörigkeit der Perlsucht und Lungentuberculose urgirte. Neben Perlsucht kämen innere Lungentuberkeln und Scropheln (d. h. Tuberculose der Mesenterial- und Bronchialdrüsen) vor. Er führt zur Unterstützung seiner Ansicht besonders die von Schellhase gemachte Beobachtung an, dass neben exquisiter Perlsucht der serösen Häute sich zahlreiche tuberculöse Geschwüre im Larynx und in der Trachea vorgefunden hätten[52]) (Bd. VI, S. 173), ein Fall, auf den auch Gerlach später Bezug nimmt. Die gleiche Ansicht vertraten später noch König[53]) (Bd. XIX, S. 334), Anacker[53]) (Bd. XXI, S. 61) und Kreutzer[54]), während Dittrich[55]) die Knoten, die möglicherweise tuberculöser Natur seien, wiederum aus Exsudaten entstehen lässt, die einem fortwuchernden Entzündungsprocess ihren Ursprung verdanken sollen. Wolf[53]) (Bd. XXII) endlich hält dieselben für Cysten, welche Aehnlichkeit mit Atherom- und Colloidbälgen hätten.

In diese Zeit der sich widerstreitenden Ansichten fallen auch die oben schon citirten Arbeiten Virchow's. Er vertrat in denselben zwar gleichfalls die Zusammengehörigkeit der auf den serösen Häuten und im Innern der Organe vorkommenden knotenförmigen, tuberkelähnlichen Neoplasmen, erklärte sie aber, wie schon oben bemerkt, für Lymphosarkome und stellte deren Identität mit der menschlichen Tuberculose entschieden in Abrede.

Von den späteren thierärztlichen Autoren haben nur wenige die Virchow'sche Ansicht adoptirt. Entgegen ihm und Gurlt hielten Spinola[25]) und Haubner[56]) an der Tuberkelnatur beider zusammengehöriger Processe fest. Der eifrigste Verfechter der letzteren Ansicht war aber Gerlach. Indem er, wie ja auch in der neuesten Zeit mehrfach ausgesprochen, die mikroskopische

Untersuchung und den hierauf basirenden streng anatomischen Standpunkt zur Entscheidung dieser Streitfrage für nicht allein massgebend hielt, legte er das Hauptgewicht auf gewisse klinische und schon makroskopisch wahrnehmbare pathologische Veränderungen.

Er sagte: „Es ist Thatsache, 1. dass neben den Knoten an den serösen Häuten stets tuberculöse Degeneration der Lymphdrüsen, in der Regel auch Tuberkeln und Verkäsungen in den Lungen, zuweilen in und an noch anderen Organen zugleich gefunden werden; 2. dass man bei einer Lungentuberculose an solchen Stellen der Pleura nicht selten eine Gruppe von Knötchen und Trauben, ganz wie bei der Perlsucht, findet, wo der Krankheitsprocess bis an die Lungenpleura gedrungen ist; 3. dass die Perlsucht sich vererbt wie Lungentuberculose, dass von lungensüchtigen Kühen die Nachkommen perlsüchtig, und auch umgekehrt die Nachkommen von perlsüchtigen Kühen lungensüchtig werden können" [52]) (S. 173 und [57]).

Einen vermittelnden Standpunkt zwischen Gurlt, Virchow und Röll [58]) welche die Sarkomnatur, und Gerlach, Spinola, Fuchs und Förster, welche die Tuberkelnatur der Perlsucht vertraten, suchte Leisering [59]) (1862, S. 87) anzubahnen.

Er liess sämmtliche als Perlsucht, Lungen-, Leber-, Gebärmutter- und Hauttuberculose bezeichneten Processe aus einem weichen, jungen, neugebildeten und sehr gefässreichen Bindegewebe hervorgehen. In diesem soll es durch Proliferation der vorhandenen Elemente erst secundär zur Bildung kleinster Knötchen kommen, deren Zusammensetzung aus einem feinen, bindegewebigen Netzwerk mit eingebetteten zahlreichen runden und spindelförmigen, zum Theil lebhaft proliferirenden Zellen ein Fibrom oder Fibrosarkom vortäuschen könne. Diese fortwährend neugebildeten Knötchen würden durch das dazwischen liegende Bindegewebe theils zu kleinen, theils zu grösseren, bis faustgrossen Knoten verbunden, welche entweder isolirt blieben, oder, wie meist auf den serösen Häuten, zu grossen Packeten conglomerirten. Charakteristisch sei allen diesen Neubildungen der rasch eintretende Zerfall, welcher bereits in den kleinsten Knötchen mit Verfettung beginne und schon bei erst hanfsamengrossen Knötchen zur centralen Verkalkung führe. Eine eigentliche Erweichnng finde nur bei denen in der Submucosa der Respirations- und Verdauungsorgane, sowie des Uterus statt und führe zur Geschwürsbildung. Auch in der Lunge hebe der Process lediglich mit Bildung eines Muttergewebes im Bindegewebe der Interlobularzüge an, worauf sich der Process in der obigen Weise weiter entwickle. Die grossen conglomerirten Knoten zeigten eine ausgesprochene Neigung zur Verkäsung, die kleineren zur Verkalkung. Genau dieselben Processe liefen ferner im intramusculären und subcutanen Bindegewebe ab; sie seien früher von Lafosse als Druse, von Haubner als Hauttuberkel beschrieben worden.

Stelle man sich bei Untersuchung dieser Neubildung auf den genetischen Standpunkt, so müsse man sie als Sarkome bezeichnen; ziehe man vor Allem ihre weiteren Schicksale in Betracht, so müsse man sie der Tuberculose zuzählen. Wenn sie aber nicht das eine noch das andere in vollem Umfange sei, so müsse man sie als eine dem Rinde (vielleicht auch dem Schweine) eigenthümliche Neubildung sui generis ansprechen und könne ihr füglich den Namen **Rindstuberculose** beilegen.

ZWEITER ABSCHNITT.

Die von Villemin beginnende Periode der experimentellen Forschung.

Mit dem von Leisering 1862 vorgeschlagenen Compromiss war die Identitätsfrage indess noch lange nicht zum Abschluss gebracht. Sie trat vielmehr, wie oben schon angedeutet, in ein ganz neues Stadium, als Villemin im Jahre 1865 die Tuberculose für eine specifische, von Mensch auf Thier und von Thier zu Thier übertragbare Infectionskrankheit erklärt hatte. Niemals ist wohl die wissenschaftliche Kritik mit einem grösseren Scepticismus an die Prüfung einer neuen Theorie herangetreten, als an Villemin's Lehre. Durch Hunderte, ja Tausende von Uebertragungsversuchen und eingehende histologische Studien der Tuberkelstructur hat man sich bemüht, die Wahrheit derselben zu ergründen, mit Befriedigung kann man aber constatiren, dass diese Arbeit nicht umsonst gewesen ist. Allmählig sind der Widersprechenden immer weniger geworden, so dass heute wohl kaum noch ein gegründeter Zweifel an der Infectiosität und Identität sämmtlicher bei Menschen und Thieren vorkommenden tuberculösen Processe erhoben werden kann.

In diesem Abschnitt nun soll versucht werden, einen Ueberblick über die zur Begründung dieses Lehrsatzes ausgeführten experimentellen Arbeiten und histologischen Untersuchungen zu geben. Sind diese doch nicht nur für die Kenntniss der Tuberculose im Allgemeinen, sondern besonders auch für die Fixirung der pathologischen Stellung der thierischen Tuberculose von höchster Bedeutung geworden.

Erstes Kapitel.

Experimentelle Arbeiten.

Alle bisher mit Tuberculose angestellten Uebertragungsversuche zerfallen in Impf-, Inhalations- und Fütterungsversuche.

1. *Impfversuche.*

Diese sind ausserordentlich zahlreich und in verschiedener Weise vorgenommen worden. Man verwendete theils tuberculöse Massen vom Menschen, oder von Thieren, welche man bei den verschiedensten Thiergattungen unter die Haut oder in die Bauchhöhle, theils in die Gefässe oder in die vordere Augenkammer, eventuell durch Einstich von Aussen direct in die Lunge brachte.

a) Die **subcutanen Impfungen** repräsentiren jedenfalls die grösste Anzahl der bisher überhaupt vorgenommenen Uebertragungsversuche. Sie alle hier anzuführen ist unmöglich. Es sei daher vor Allem auf deren Zusammenstellung von Waldenburg[3]) (S. 179 u. folg.) verwiesen, der sich in neuerer Zeit noch eine grosse Menge anderer Versuche anreihen.

Darunter befindet sich ein von Demet, Paraskeva und Zallonis[86]), welche einem an fortschreitendem Brande der grossen Zehe leidenden, anscheinend nicht tuberculösem Manne, dessen Tod, weil er sich nicht amputiren lassen wollte, zweifellos bevorstand, Sputa eines Tuberculösen inoculirten, und als derselbe nach 38 Tagen starb, frische Tuberkelknötchen in beiden Lungenspitzen fanden.

Mit tuberculösem Material von Rindern) ist speciell von Soujou und Court Paul[60]), Gerlach[61]) (Bd. II. 1869), Günther und Harms[61]) und [53]) (Bd. 37), Rivolta und Perroncito[62]) (Bd. 31), Bagge[63]) (Bd. 32), Zürn[64]), Bollinger[65]) (Bd. I), Biffi und Verga[66]) (1873, No. 52), Bouley[7]) (1880, No. 26), Aufrecht[124]) etc. experimentirt worden. Zahlreiche subcutane Impfungen wurden innerhalb der letzten zwei Jahre auch von Toussaint angestellt. Auf Grund derselben[80]) (1880, p. 31 und [7]) Tom. 93, No. 5, p. 281; No. 6, p. 322) ist er der Meinung, dass keine Krankheit ansteckungsfähiger sei, als die Tuberculose, und dass alle Flüssigkeiten des Körpers, das Blut, der Nasenausfluss, der Speichel, der flüssige Inhalt der Gewebe und der Harn tuberculöser Thiere, ja selbst der Pustelinhalt von Impfpocken, der Träger des Giftes wären. Letzteres erhalte sich selbst in Temperaturen wirksam, welche Milzbrandbacillen tödten.

Alle diese Versuche sind an den verschiedensten Thieren

(Kühen, Kälbern, Ziegen, Schweinen, Kaninchen und Hunden) angestellt worden und führten fast regelrecht zur Entwicklung einer miliaren Tuberculose. Nach den Angaben der Experimentatoren stimmte dieselbe vollständig mit dem menschlichen Miliartuberkel überein, wie ihn Schüppel und fast alle pathologischen Anatomen der Neuzeit (mit Ausnahme Virchow's) definiren.

Diesen positiven Impfresultaten stehen verhältnissmässig nur wenige mit demselben Impfmaterial ausgeführte negative Ergebnisse gegenüber. So die von Bagge [63]) (Bd. 31) und Pütz [144]) (S. 700 — bei je zwei Kalbinnen mit tuberculösen Massen vom Menschen), Köhne [53]) (Bd. 36 — bei drei Pferden mit Tuberculose vom Pferd und Rind und frischem und alten Pferdeeiter), Verga und Biffi [66]) (zwei Maulthiere, eine Kuh, zwei Schafe und zwei Hunde), Semmer [62]) (Bd. 36 — mit tuberculösen Massen vom Rind bei Pferden und Hunden), Bollinger [65]) (Bd. I — tuberculöse Massen vom Mensch und Rind bei drei Katzen und zwei Hunden) etc. Bollinger sprach zugleich die seitdem fast allgemein adoptirte Ansicht aus, dass Einhufer und Fleischfresser nahezu immun, mindestens schwerer empfänglich seien, als Pflanzenfresser, von denen Meerschweinchen und Kaninchen ausserordentlich leicht inficirt würden.

b) Peritoneal ausgeführte Impfungen liegen in bei Weitem geringerer Anzahl vor. Für die Tuberculose des Rindes sind besonders die von Klebs, Bollinger und Kitt wichtig.

Ersterem [67]) (Bd. 49, 1870, S. 292) gelang es, durch Injection menschlicher Tuberkelmassen in die Bauchhöhle eines Kalbes eine Tuberculose des Peritoneums, vollständig dem Bilde der Perlsucht entsprechend, hervorzurufen. Bollinger [65]) (Bd. I. 1873, S. 257) erzielte durch Injection von 60 Gramm einer durch Verreiben von tuberculös-scrophulösen Lymphdrüsenpartikelchen vom Menschen mit $1/2$ proc. Kochsalzlösung gewonnenen Flüssigkeit in den Peritonealsack eines jungen Ziegenbockes denselben Erfolg. Kitt [69]) (1879/80, S. 28) constatirte bei einem Kalbe 46 Tage nach der peritoneal ausgeführten Impfung mit dem aus den tuberculös-scrophulösen Submaxillardrüsen eines Menschen gewonnenen Safte eine tuberculöse Entzündung des Peritoneum, tuberculös-scrophulöse Entzündung der Bronchialdrüsen, tuberculöse Entzündung des Pericardium und der Pleurasäcke.

Die Beweiskraft aller dieser subcutanen und peritonealen Impfungen blieb indess nicht unangefochten. Von den ersten Villemin'schen Versuchen an hat sich bis in die Gegenwart hinein eine lebhafte, allerdings mehr und mehr verstummende Opposition hier-

gegen erhoben. Eine grosse Reihe von Forschern (Chauffard[5]) 1867 — Lebert und Wyss[67]) 1867 — Clark[70]) 1867 — Colin[5]) 1868 — Sanderson[70]) 1868 — Simon und'Sanderson[71]) 1868 — W. Fox[72]) 1868 — Cohnheim und Fränkel[67]) 1868 — Waldenburg[3]) 1869 — Papillon, Nicol, Laverna[6]) 1871 — Gotthardt[73]) 1871 — Metzquer[74]) 1874 — Friedländer[75]) 1874 — Carpani[76]) 1874 — Talma[77]) 1881 — Brunet[7]) 1881, Tom. 93 — Robinson[132]) u. A.) versuchten nachzuweisen, dass auch nach der Einimpfung von nicht tuberculösen thierischen Substanzen, ja selbst nach dem Einbringen von allen möglichen Fremdkörpern, namentlich bei Kaninchen und Meerschweinchen, unter Bildung käsiger Herde an der Impfstelle ebenfalls eine miliare Tuberculose entstehe. Waldenburg[3]) (S. 403 u. folg.) erklärte die durch Impfung entstehende Tuberculose auf Grund seiner zahlreichen Versuche geradezu für eine **nicht specifische** Resorptionskrankheit, welche durch die Inoculation der verschiedensten Substanzen in der Weise hervorgerufen werde, dass die feinen geformten Partikelchen der letzteren resorbirt, durch das Blut den verschiedenen Organen des Körpers zugeführt würden, und in diesen abgelagert, durch ihre Anwesenheit jene miliaren Neubildungen erzeugten. Aber nicht nur von aussen inoculirte Fremdkörper, sondern auch im Körper selbst vorhandene oder in ihm selbst abnorm erzeugte, sehr feine corpusculäre Elemente (Eiter, käsige Massen etc.) könnten durch Resorption die Tuberculose, die also durchaus nichts Specifisches habe, hervorrufen, eine Theorie, welche mit der Buhl'schen Käseinfectionstheorie theilweise übereinstimmte und die Tuberculose quasi durch eine **Selbstinfection** entstehen liess. **Friedländer** ging sogar so weit, die Impftuberculose für eine Illusion, und die künstliche Erzeugung von Tuberkeln für unmöglich zu erklären.

Diesen Zweiflern an der specifischen Virulenz der Tuberculose wurde indess schon an der Hand der bei den subcutanen und peritonealen Impfungen gewonnenen Erfahrungen eine Reihe von positiven Thatsachen entgegengestellt, deren Beweiskraft nicht anzufechten war. — Zunächst konnte

a) die von Waldenburg vertretene Anschauung gegenüber der Thatsache keinen Boden gewinnen, dass die von Ponfick, Hoffmann und Langerhans massenhaft in die Bauchhöhle von Meerschweinchen gebrachten Zinnoberaufschwemmungen keine Tuberkeleruptionen hervorzurufen vermochten (Cohnheim[78]) (Bd. I, S. 609).

β) Selbst wo aber durch Einimpfung von Producten nicht tuberculösen Gewebszerfalles, sowie durch andere feinkörnige Substanzen unter Umständen tuberkelähnliche Knötcheneruptionen entstanden, unterschieden sich dieselben trotz ihrer nahezu übereinstimmenden oder vollständig histologischen Gleichartigkeit doch durch ihr weiteres Verhalten wesentlich von dem menschlichen Tuberkel. **Sie verkästen nicht und waren nicht wie letztere weiter verimpfbar** (Klebs[67] Bd. 44, S. 296 und Baumgarten[67] 1880, S. 697). Toussaint[7] (Tome 93, No. 19 und [7]) 1881, No. 10, p. 529) erklärt nicht nur die Uebertragungsfähigkeit der Tuberculose für eine unbegrenzte, sondern nimmt sogar eine steigende Virulenz der Impfproducte mit der Zahl der Impfgenerationen an. Zu gleichen Resultaten gelangte auch Martin[68] (1881, No. 1 und 2). Nach ihm ist der wahre, durch Impfung specifischer Tuberkelmassen entstandene echte Tuberkel von den durch Impfung indifferenter, feinmoleculärer Massen entstandenen tuberkelähnlichen, localen Entzündungsproducten — von ihm Pseudotuberkeln genannt — histologisch allerdings nicht zu unterscheiden. Nur die Verimpfbarkeit, die Infectiosität unterscheide den ersteren vom letzteren.

γ) Andere Experimentatoren waren ferner im Stande nachzuweisen, dass die Einimpfung **nicht tuberculöser Substanzen** (Fleisch, Neubildungen anderer Art, Fremdkörper) **nicht bei allen Thiergattungen, und nicht bei allen Individuen** einer und derselben Art Tuberculose mit oder ohne vorherige Verkäsung an der Impfstelle bilden könne. Selbst Kaninchen, welche thatsächlich überaus leicht zur Bildung käsiger Herde an letzterer hinneigen und leicht der Tuberculose verfallen, seien hierher zu rechnen. Dagegen könnten durch Einimpfung tuberculöser Massen Tuberkeln selbst bei Thieren erzeugt werden, wo dies in anderer Weise nicht gelinge (Gerlach[61] 1869, S. 132, negative Versuche mit Pferden, Rindern, Schafen, Ziegen, Schweinen und Hunden — Günther und Harms[61] 1872, S. 83, ausnahmslos negative Resultate bei 23 Kaninchen — Verga und Biffi[66] 1870, No. 11). Jedenfalls werde auch durch Einimpfung der Tuberkelmaterie sicherer und in viel höherem Grade Tuberculose erzeugt, als auf traumatischem Wege, d. h. durch allerhand Fremdkörper (Gerlach).

δ) Von besonderem Gewichte war aber der Beweis, dass einmal **nicht jede käsige Masse bei einfacher Impfung eine artificielle Tuberculose erzeuge** — Chauveau[50] (1872, S. 337) —, sondern dass überhaupt die Einimpfung nicht tuberculöser Massen nur dann erst Tuberculose hervorrufe, wenn die eingeführten Stoffe oder die Impfwunden mit tuberculösem Virus verunreinigt worden seien. Letzteres Argument war von um so grösserer Bedeutung, als es namentlich von Cohnheim [58]) (Bd. I, S. 609), der früher in der ersten Reihe der Specifitätsgegner stand, aufgestellt wurde. (Vergl. auch Klebs [65]) Bd. I. — Baumgarten [67]) 1880, S. 698, vorherige Desinfection der Impfsubstanz schwächt deren Infectionsfähigkeit erheblich ab.)

ε) Endlich wurde mehrfach nachgewiesen, dass die Erzeugung eines Käseherdes an der Impfstelle durchaus kein nothwendiges Postulat zur Erzeugung der Tuberculose sei (Ruge [51]). Es sprach hierfür besonders der Umstand, dass peritonealen Impfungen durchaus nicht immer die Bildung eines Käseherdes voranging, welcher als Quelle der Infection anzusehen gewesen wäre.

Wurden schon durch alle diese Thatsachen die Einwände der Zweifler mindestens erheblich erschüttert, so waren anderweit modificirte, namentlich mit Vermeidung jeder Verkäsung an der Impfstelle ausgeführte Impfversuche vollends im Stande, die Lehre Villemin's von der Infectiosität und Unität der bei Menschen und Thieren vorkommenden tuberculösen Processe mehr und mehr zu befestigen. Es sind in dieser Richtung noch besonders die intravasculären, intrapulmonären und intraoculären Impfungen als bedeutungsvoll zu erwähnen.

c) Intravasculäre Impfungen sind von Semmer in Gemeinschaft mit Thal und Nesterow [35]) (Bd. II, S. 209 und [67]) Bd. 82, S. 546) nach Spinola's und Colin's Vorgange im Jahre 1875 ausgeführt worden. Mit Ausschluss von Kaninchen und Meerschweinchen wurden nur Schweine und Schafe der gemeinen Landrace aus der Umgebung von Dorpat hierzu gewählt, bei denen nach Semmer's Erfahrung weder Scrophulose noch Tuberculose vorkommen soll.

Milch und Blut einer hochgradig an Lungen- und Pleuratuberculose leidenden Kuh wurde 30 Versuchsthieren theils unter die Haut, theils in die Jugularis gebracht, und zwar in einer Menge von $1/12$ bis $1/40$ der Gesammtblutmenge des Versuchsthieres. Bei keinem war an der Impfstelle Eiterung oder Verkäsung eingetreten. 13 Versuchsthiere gingen bald nach der Impfung an verschiedenen anderen Leiden zu Grunde, während 16 der übrig gebliebenen bei der 5—6 Monate nach derselben erfolgten Tödtung die gelungensten Resultate zeigten. Bei den Schweinen sollen dieselben vollständig der Tuberculose der

Lungen und der Pleura des Rindes entsprochen haben, während sich der Befund bei Schafen mehr der Tuberculose des Menschen genähert hätte.

Semmer glaubt aus diesen Untersuchungen schliessen zu müssen, dass die Perlsucht der Rinder als solche auf Schweine übertragbar sei, und dass mit dem im Blute, Fleische und der Milch enthaltenen Contagium auch Schafe und andere Thiere inficirt werden könnten. Entgegen Gerlach, Klebs, Orth, Schüppel u. A. hielt er aber die Perlsucht des Rindes für eine selbständige, mit der Tuberculose nicht vollständig identische Krankheit.

Auf die von Virchow[67]) (Bd. 82) ausgesprochenen Zweifel hinsichtlich der Beweiskraft der Semmer'schen Versuche, die sich auf die lange Dauer derselben (6 Monate) und den Mangel an Controlthieren, namentlich aber darauf bezogen, dass die Injectionen unter die Haut und in die Venen noch nicht berechtigten, die Uebertragbarkeit der Perlsucht durch die Verdauungsorgane anzunehmen, folgte sehr bald eine ziemlich scharfe Entgegnung Semmer's[67]) (Bd. 83, S. 555). Bezüglich ersterer berief er sich auf die lange Incubationsdauer der Tuberculose, hinsichtlich der letzteren auf die Thatsache, dass in Dorpat die Tuberculose bei Schafen und Schweinen der gewöhnlichen Landrace, wie schon erwähnt, so gut wie gar nicht vorkäme, Controlthiere daher überflüssig seien. Wenn 10 Schweine und 6 Schafe, die alle von verschiedenen Müttern stammten, nach der Infection frische, echte Tuberkel gezeigt hätten, so müsste dies als vollgültiger Beweis der Virulenz des Fleisches, des Blutes und der Milch tuberculöser Thiere aufgefasst werden. Erst in zweiter Linie werde es sich darum handeln, festzustellen, ob das Tuberkelcontagium durch die Verdauungssäfte zerstört werde.

d) Intrapulmonal wurden durch Pütz[144]) (S. 700), zwei Pferde mit tuberculösen Producten von Menschen geimpft, und hierdurch in einem Falle ein zweifelhafter Erfolg, in dem anderen eine typische Miliartuberculose erzielt.

Von höchster Bedeutung für die Lehre von der Tuberculose wurden aber

e) die intraoculären Impfungen. Diese zuerst von Cohnheim und Salomonsen[52]) (1877, No. 65 und [53]) S. 171), darauf von Hänsell und Deutschmann[54]) (Bd. XXV, 1, 25) in Bezug auf die Virulenz der menschlichen Tuberculose angestellten, geradezu classischen Versuche sind später besonders von

Baumgarten[31]) (1880, No. 49) mit Rücksicht auf die des Rindes wiederholt worden. Mit denkbarst absoluter Sicherheit gelang es den Experimentatoren, durch Implantation von tuberculösem Material in die vordere Augenkammer ohne die früher von den Gegnern der Specifitätslehre urgirte Zwischenstufe der Verkäsung nach einer Incubationsdauer von 20—30 Tagen (beim Kaninchen im Mittel 25 Tage) eine typische Iristuberculose mit einer fast regelmässig sich hieran anschliessenden typischen, secundären, allgemeinen Miliartuberculose zu erzeugen. Die von Baumgarten durch Inoculation tuberculöser Massen, selbst durch Injection von Blut tuberculöser Rinder[77]) (1881, S. 274) erzeugten Iristuberkeln entsprachen dabei nicht nur vollständig den durch menschliches Impfmaterial erzielten, sondern waren auch durch mehrere Generationen weiter impfbar. Mit zweifelloser Sicherheit wurde dabei zugleich von den genannten Forschern constatirt, dass nur echtes tuberculöses Material vom Mensch oder Thier diesen Erfolg hatte.

Eine andere Gruppe von Infectionsversuchen,

2. die Inhalationsversuche,

wurden in der Weise ausgeführt, dass man tuberculöse Massen mit Wasser verrieb und die mittelst geeigneter Apparate zerstäubte Flüssigkeit von Versuchsthieren theils durch eine Trachealwunde, theils durch die unverletzten Luftwege in geschlossenen Räumen einathmen liess. Die ersten derartigen Experimente sind von Tappeiner[67]) (Bd. 74, S. 393 u. Bd. 82, S. 353) angestellt und später von Lippl, Reinstadler und Bertheau[85]) (Bd. 26, S. 523), Weichselbaum[77]) (1882, No. 20), mit Hunden und Ziegen in mannigfacher Weise modificirt, wiederholt worden. Sie führten fast ausnahmslos zur Entwicklung einer Lungentuberculose und bewiesen somit gegen Schottelius[67]) (Bd. 73, S. 230) nicht nur die specifische Virulenz der Tuberculose, sondern auch die Möglichkeit der Aufnahme des tuberculösen Virus durch die Lungen und die der Ansteckung durch Cohabitation (s. später).

Die vom allgemein hygienischen Standpunkt aus wichtigste Gruppe der Uebertragungsversuche bilden endlich

3. Die Fütterungsversuche.

Durch die Impf- und Inhalationsversuche war zwar die Virulenz und Identität der Tuberculose im Allgemeinen, speciell namentlich auch die des Menschen und des Rindes zweifellos bewiesen worden. Die Einwände der Gegner dieser Lehre hatten indess schon von Haus aus noch solche Versuche wünschenswerth erscheinen lassen, welche nicht nur eine Einverleibung des Tuberkelvirus ohne Verwundung, Eiterung und Käsebildung auf dem Wege des Verdauungsschlauches gestatteten, sondern auch zugleich die nahe liegende, hochwichtige Frage lösen konnten, ob die Tuberculose durch den Genuss von Fleisch und Milch damit behafteter Thiere, namentlich Rinder, auf andere Thiere, resp. auf den Menschen übertragbar sei.

Die ersten Versuche dieser Art sind von Gerlach [30]) (Bd. I. S. 6 und [64]) 1869, Bd. II) und zwar mit tuberculösen Knoten von serösen Häuten und mit der Milch perlsüchtiger Kühe in den Jahren 1866—1869 in Hannover vorgenommen worden, während die ersten Mittheilungen solcher von Chaveau [57]) (Bd. XXV, S. 5) 1869 veröffentlicht wurden.

Auf Grund seiner an drei, 6—12 Monate alten Kälbern angestellten Fütterungsversuche mit positivem Erfolg (jedes hatte circa 30 Gramm tuberculöser Massen aus Lungen, Lymphdrüsen und vom Bauchfell erhalten), erklärte Letzterer die Tuberculose des Rindes für eine virulente, wahrscheinlich durch die Verdauungswege sogar häufiger, als durch die Respirationsschleimhaut übertragbare Krankheit. Weitere Versuche veröffentlichte er noch in den darauf folgenden Jahren [58]) (No. 5. 1870 und [50]) 1872 S. 327; 1873 S. 929; [6]) 1874 und [5]) 1875 S. 891). Mit principiellem Ausschluss von Kaninchen und Meerschweinchen wurden dieselben nur an Pferden, Eseln, Rindern und Kälbern angestellt. Darunter befindet sich ein Experiment mit 11 Kälbern, wovon das jüngste 14 Monate alt war, die sämmtlich nach Fütterung mit tuberculösen Rindslungen positive Resultate ergaben, während zwei Controlthiere derselben Reihe gesund blieben. Unter 160 Saugkälbern, berichtet Chauveau unter anderem weiter, sei nicht eins gewesen, das sich nach 1½—2 Monate lang fortgesetzter Fütterung von tuberculösen Massen, zum Theil vom Rind, nicht als inficirt erwiesen hätte. Die Infection durch den Verdauungskanal sei eine um so sicherere, je jünger das Kalb wäre (eine Beobachtung, die auch später von Bollinger, Klebs u. A. bestätigt worden ist). Es genüge schon, die Finger oder die Striche der Kuh, an welcher die Kälber saugten, mit Tuberkelmassen zu bestreichen, um bei sämmtlichen Saugkälbern bereits nach 6 Wochen ausgebreitete tuberculöse Neubildungen zu erzeugen. Dabei soll, wie Chauveau ausdrücklich hervorhebt, in der Umgebung von Lyon die Tuberculose bei Kälbern nur im Verhältniss 1 : 70 vorkommen.

Diese ersten Versuche Gerlach's und Chauveau's, welche auf Grund ihrer Erfahrungen die Tuberculose als eminent infectiös bezeichneten, blieben nicht vereinzelt. Eine grosse Reihe der hervorragendsten Forscher widmeten ihre Thätigkeit der Lösung der hochwichtigen Frage. Nur eine verhältnissmässig kleine Zahl hat hierbei lediglich negative Resultate zu registriren, Einzelne fast nur positive, die Meisten gemischte Resultate.

Es sei hier nur hingewiesen auf die wesentlich mit tuberculösem Material, Fleisch und Milch tuberculöser Thiere, besonders an Rindern angestellten Versuche der Dresdener Schule [59] (1870, 1872 und [30] Bd. VIII, 1878/79), Günther und Harms [61] (1870, 1872, 1873 und [53] 1871 Bd. 37), Klebs [67] (Bd. 49, 1870 und [65] Bd. I, 1873, S. 163), Zürn [64] (1871), Brusasco [63] (1871, S. 217), Bollinger [65] (1873, Bd. I, S. 357 und [35] 1880, Bd. VI, S. 103), Semmer [62] (1873, Bd. XL, S. 16 und [67] Bd. 82, S. 546), Roloff [69] (1874, Bd. II, S. 33), Viseur [5] (1874, S. 443), Dammann [90] (1874, Bd. 18, S. 443), Holten [91] (1874, Heft 4), Colin [80] (1875, S. 122), Döpke [89] (1875, Bd. III, S. 327), Schreiber [92] (1875), Brell [35] (1877, Bd. IV, S. 290), Metzquer [63] (1878, S. 57), Langeron [93] (1878, Bd. 17, S. 149), Blumenberg [35] (1879, Bd. V, S. 319), Orth [87] (1879, Bd. 76, S. 217), Peuch [7] (1879, Nr. 26 und 1880, Vol. 90, No. 26), Lange [35] (1880, Bd. VI, S. 309), Toussaint [80] (1880, Bd. VII, S. 317 und [7] 1880, Vol. 90, Nr. 13), Flemming [71] 1880, Sept.), Virchow [31] (1880, S. 189), Peuch u. Toussaint [79] (1881, Nr. 15), Aufrecht [77] (1882, S. 289 etc.). — Günther und Harms [53] (Bd. 37, S. 150), sowie Virchow (l. c. S. 210) stellten ausserdem noch Controlversuche in der Weise an, dass ersterer Kaninchen mit Milch und Fleisch gesunder Kühe, letzterer Schweine mit „verdorbenem", aber nicht von tuberculösen Thieren abstammenden Fleische fütterte. Beide Versuche führten zu keinem Resultate, am allerwenigsten zur Bildung von Producten, welche als käsig oder tuberculös bezeichnet und mit den durch Fütterung mit perlsüchtigem Material erhaltenen in Parallele gestellt werden konnten.

Werden aus diesen Versuchsreihen diejenigen hervorgehoben, bei denen möglichst genaue Zahlenangaben vorliegen, so ergibt eine Zusammenstellung derselben, mit Hinweglassung derjenigen Fälle, wo die Thiere vorzeitig an intercurrirenden Krankheiten zu Grunde gingen, oder die Controlthiere ebenfalls tuberculös waren, dass von Chauveau [87] (Bd. XXV, S. 5), Gerlach, der Dresdner und Hannöver'schen Thierarzneischule, Klebs, Zürn, Bollinger, Möller, Roloff, Brell, Metzquer, Langeron, Blumenberg, Orth, Lange, Peuch, Peuch und Toussaint und Aufrecht 322 Thiere lediglich zu Fütterungsversuchen verwendet worden sind. Die hierbei erreichten Resultate vertheilen sich, wie folgt:

		positivem	negativem	zweifelh. Erfolg.
1 Pferd	mit	0 Proc.	100 Proc.	0 Proc.
5 Kälber	=	100 =	0 =	0,0 =
35 Schafe	=	51,4 =	42,9 =	5,7 =
13 Ziegen	=	84,6 =	15,4 =	0,0 =
60 Schweine	=	65,0 =	18,3 =	16,6 =
171 Kaninchen	=	31,2 =	66,5 =	2,3 =
20 Huude	=	25,0 =	75,0 =	0,0 =
9 Katzen	=	55,5 =	44,4 =	0,0 =
6 Meerschw.	=	83,3 =	16,6 =	0,0
2 Tauben	=	0,0 =	100,0 =	0,0 =
In Summa:		43,5 =	51,1 =	5,0 =

Von den 322 Fütterungsversuchen wurden 259 mit rohem Material vorgenommen, wobei 47,7 Proc. positive, 48,9 Proc. negative und 3,3 Proc. zweifelhafte Resultate ergaben. — In 62 Versuchen hingegen wurde 10—15 Min. lang gekochtes Material verwendet und hiermit noch 35,5 Proc. positive, 64,5 Proc. negative und 1,6 Proc. zweifelhafte Erfolge erzielt.

Nach dem verwendeten Material vertheilen sich die Versuche auf

117 mit tuberculösem Material vom Rind	61,5 Proc. +,	34,2 Proc. —,	4,3 Proc. ? *)
46 mit Fleisch von tuberculösen Rindern (gekocht durchaus negatives Resultat)	13,1 =	+, 86,9 =	—. — = ?
91 mit Milch von tuberculösen Rindern	30,7 =	+, 59,3 =	—. 9,9 = ?
1 mit Milch von tuberculösen Kaninchen	100	+, 0,0	—, 0,0 = ?
25 mit tuberculösem Material von Menschen	36	+, 64	—, 0,0 - ?
33 mit tuberculösem Material von Schweinen	52,2 =	+, 47 =	—, 0,0 - ?
2 mit tuberculösem Material von Schafen	100 =	+. 0,0	—. 0,0 - ?
2 mit tuberculösem Material von Kaninchen	50	+, 50	—. 0,0 - ?
3 mit tuberculösem Material von Affen	100 =	+, 0,0 =	—. 0,0 - ?
5 mit tuberculösem Material von Vögeln . . . . . : . .	100	+, 0,0	—, 0,0 ?

Den positiven Fütterungsresultaten gleichzustellen wäre endlich noch eine Reihe von klinischen (in obige Zusammenstellung nicht aufgenommene) Beobachtungen von Jakobs[95]) (1868, 1870) und Devilliers und Lengler[88]) (1869, S. 430), welche sich auf Uebertragung der Tuberculose auf Hunde und Hühner durch freiwilligen Genuss von Sputa phthisischer Menschen, sowie die

---

*) + positive, — negative, ? zweifelhafte Resultate.

von Klebs[65]) (Bd. I, S. 174), Göring[35]) (Bd. IV, S. 290), Zippelius[90]) (Bd. IXX, S. 3), Lehnert[59]) (1876), Kloss[46]) (Bd. V, S. 15), Böttcher[46]) (Bd. II, S. 103) etc., welche sich auf Uebertragung von Rindstuberculose durch Milch- und Fleischgenuss auf Kälber und Schweine beziehen.

Aus den gesammten Fütterungsversuchen und den angeführten klinischen Beobachtungen lassen sich bei einer vorurtheilsfreien Kritik folgende Schlüsse ziehen:

1. Die Uebertragung der Tuberculose durch den Genuss tuberculöser Massen von Thier auf Thier und von Mensch auf Thier ist möglich, wenn auch mit weniger Sicherheit zu erzielen, als durch Impfungen.

2. Die Uebertragung gelingt am leichtesten durch Fütterung tuberculöser Massen (Lungen- und Pleuratuberkeln, tuberculöser Lymphdrüsen), demnächst auch durch Milch tuberculöser Thiere. Die Infection durch tuberculöses Material vom Menschen gelingt verhältnissmässig schwerer.

3. Weniger leicht, aber doch in circa 1/6 aller in der Tabelle zusammengestellten Versuche erfolgt dieselbe durch Fleisch.

4. Kälber, Schafe, Ziegen und Schweine besitzen, wie dies schon früher, namentlich von Bollinger (vergl. S. 24) betont wurde, die grösste Empfänglichkeit, doch ist die angebliche Immunität der Carnivoren nicht so bedeutend, als von einzelnen Autoren angenommen worden ist.

Semmer[94]) (1878, S. 71) will bei circa 100 Carnivoren durchaus negative Resultate erhalten haben. — Sauer[93]) (Bd. XVII, S. 17) berichtet, dass von ihm jährlich circa 30 Stück hochgradig tuberculöse, zum Theil kachektische Rinder dem Besitzer eines zoologischen Gartens zugewiesen worden seien. Bei keinem der in dem angegebenen Zeitraum zur Section gelangten Thiere wäre Tuberculose nachzuweisen gewesen.

5. Es scheint, als ob auch gleichartiges, tuberculöses Material ein und derselben Thiergattung nicht immer eine gleichartige Infectiosität besitze (vergl. hier Siedamgrotzky[30]) (Bd. VIII, S. 193). Diese Verschiedenheit ist zurückzuführen

a) nicht nur auf erwähnte generelle, sondern zweifellos auch auf eine verschiedene individuelle Empfänglichkeit der Versuchsthiere. Ferner auf die verschiedene Leichtigkeit, mit welcher das, einer bestimmten Species angepasste Virus (Bacillus) auf die gleiche oder eine andere übergehen kann. Besonders kommt hierbei auch das Alter in Betracht. Der Darm junger Individuen scheint infectionsfähiger zu sein, als der alter Thiere (analog der Thatsache, dass z. B. die Infection von Schweinen und Schafen mit Proglotiden von Taenia solium, coenurus etc. wesentlich auch nur bei jungen Thieren gelingt).

b) auf die bei Tuberculose mehrfach beobachtete tuberculöse Erkrankung des Euters (vergl. S. 43). Es ist durchaus wahrscheinlich, dass die Milch von Kühen mit einer solchen gefährlicher ist.

c) auf die Dauer des Versuches. Bollinger[65]) (Bd. I, S. 370), Orth[67]) (Bd. 76, S. 234) und Semmer (ibid. Bd. 82, S. 549) haben darauf aufmerksam gemacht, dass viele der negativen Versuche deshalb nicht ins Gewicht fallen dürften, weil bei ihnen, gegenüber der langsamen Entwicklung der Tuberculose, die Dauer des Experimentes eine zu kurze gewesen sei. Letztere beiden Forscher nahmen auf Grund ihrer Erfahrungen für die Fütterungstuberculose ein Incubationsstadium von mindestens 2—3 Monaten an. Thiere, welche vorher getödtet würden, müssten negative Resultate geben (vergl. n. d. Richt. die Versuche von Günther-Harms[61]) Bd. IV, sowie einen Theil der von Zürn[64]) angestellten).

d) Nicht wenig dürfte weiter bei der Beurtheilung der mit Milch angestellten Fütterungsversuche die von allen thierärztlichen Autoren (vergl. auch Virchow[31]) 1880, S. 209) urgirte Schwierigkeit ins Gewicht fallen, die Tuberculose des Rindes intra vitam zu diagnosticiren. Alle Versuche, deren Endresultat nicht durch Section der betreffenden Kuh controlirt wurden, sind daher als zweifelhaft auszuscheiden (vergl. Schreiber's Versuche[92]).

6. Endlich dürfte noch darauf hinzuweisen sein, dass Bollinger[65]) (Bd. I, S. 370) mit vollem Rechte betonte, dass nach Analogie mit anderen Erfahrungen auf dem Gebiete der allgemeinen, experimentellen Pathologie (z. B. bei den Uebertragungsversuchen mit Parasiten) schon wenige positive Ergebnisse im Stande seien, gegenüber zahlreichen negativen eine Thatsache fest zu begründen.

Zweites Kapitel.

Histologische Arbeiten.

Es konnte nicht fehlen, dass die eben geschilderten kritisch-experimentellen Arbeiten auch zu einer gewissenhaften Prüfung der histologischen Zusammensetzung und zu einem eingehenden vergleichenden Studium des menschlichen und thierischen Tuberkels anregten.

Im Allgemeinen ist zwar der anatomische Begriff „Tuberkel" der von Virchow aufgestellte, d. h. der eines zelligen, gefässlosen, später verkäsenden Knötchens, geblieben. Indess haben neuere Untersuchungen doch gelehrt, dass zwischen den lymphkörperartigen Zellen, welche gewissermassen den Grundstock des Knötchens ausmachen, noch andere Zellenformen vorkommen, welche dem Tuberkel eine ganz charakteristische Structur geben sollen. Von besonderem Gewicht ist nach dieser Richtung die Arbeit von Langhanns[67]) (Bd. 42, S. 382), welcher zuerst den schon von Rokitansky (Path. Anat. 1855, Bd. I, S. 295) gesehenen und von Virchow[2]) (Bd. II, S. 637) specieller erwähnten, häufig im Centrum der Tuberkeln vorkommenden Riesenzellen ein grösseres Gewicht beilegte und auf die randständige Stellung ihrer Kerne (ein heute noch von vielen Forschern hervorgehobenes Kriterium der echten Tuberkelriesenzellen) aufmerksam machte. Schüppel[97]) (S. 84, 91 und [67]) Bd. 56, S. 38), dessen Arbeiten auf dem Gebiete der Tuberculose ganz besondere Bedeutung erlangten, hebt nicht nur das constante Vorkommen der Riesenzellen in den Tuberkeln hervor, sondern betrachtet dieselben sogar als Ausgangspunkt der Knötchenbildung. Um diese Riesenzellen lagern sich nach ihm grössere epithelioide Zellen und erst in der Peripherie lymphoide Zellen. Diese zelligen Elemente aber sollen in den Maschen eines auch von E. Wagner[100]) beschriebenen Reticulum eingelagert sein. Auch Köster[67])(Bd. 48, S. 111) und Charcot[68]) (1878, No. 4, S. 398 und 399) hielten die Riesenzellen für constante Bestandtheile des Tuberkels. Ebenso betonten Friedländer[75]), Buhl[98]), Rindfleisch[99]) ihre Wichtigkeit für die Diagnose desselben, während Orth[67]) (Bd. 76, S. 235), Baumgarten[67]) (Bd. 76, S. 485), Kiener[68]) (1880, 2. Sér. Bd. VII, S. 790 und 894), Malassez[118]) (1880, No. 15, S. 194) und Andere sie als keinen constanten Bestandtheil auffassen möchten. Hering[101]) bestritt sogar direct jede specifische Bedeutung der Riesen- und epithelioiden Zellen und wies auf deren öfteres Fehlen in den Tuberkeln hin (vergl. auch Brodowsky[67]) (Bd. 63).

In der That haben weitere Untersuchungen gelehrt, dass man einerseits neben den charakteristischen Tuberkelknötchen Schüppel's häufig noch solche findet, welche weder Riesenzellen, noch ein Reticulum erkennen lassen, und vollständig den Virchow'schen Tuberkeln entsprechend, als solche aufgefasst werden müssen. Anderseits sind die Riesenzellen in den mannigfachsten pathologischen Neubildungen gefunden worden, welche in durchaus keiner Beziehung zur Tuberculose stehen.

So fand sie Billroth [103]), Förster (Handb. d. path. Anat. 3. Aufl. Bd. I. S. 382), Brodowsky (l. c.), Ziegler [104]) in jungem Granulationsgewebe, Tillmanns [67]) (Bd. 78, S. 461) in dem jungen Granulationsgewebe, welches sich innerhalb todter, in die Bauchhöhle lebender Kaninchen eingeheilter Gewebsstücken gebildet hatte, Langhanns [67]) (Bd. 49, S. 101) in Blutgerinnungen, Friedländer [102]) (S. 178) in den Lungenalveolen bei chronischer Pneumonie, Baumgarten [67]) (Bd. 76, S. 485) in syphilitischen Neubildungen, Lichtheim [65]) (Bd. X, S. 54) bei seinen geistvollen Untersuchungen über Atelektase nach Unterbindung eines Bronchus in zerstreuten käsigen Herden in der Lunge, Senftleben [67]) (Bd. 77, S. 431) bei seinen Experimenten über Verschluss der Blutgefässe nach Unterbindungen etc. Noch andere beobachteten ihre Bildung um Fremdkörper oder Parasiten. So Heidenhain [105]) nach Einführung fremder Körper in die Bauchhöhle, Baumgarten [77]) (1878, Nr. 13) und Giovani Weiss [67]) (Bd. 68, S. 59) nach Einführung von Fremdkörpern in das subcutane Bindegewebe, Rustitzky [67]) (Bd. 59, S. 218) nach Einbringung allerhand Fremdkörper in den Lymphsack des Frosches, Johne [35]) (Bd. VII, S. 163) bei seinen Impfversuchen um Actinomyces-Rasen, Pflug [62]) (LVIII, Bd. 1, S. 28) bei seinen Untersuchungen über Lungenactinomykose, Laulamié [80]) (1881, No. 1) in der Lunge von Hunden um die Eier von Strongilus vasorum.

Ziegler [106]) hält daher weder die epithelioiden, noch die Riesenzellen für etwas dem Tuberkel Eigenthümliches. „Wenn auch die genannten Zellenformen bei tuberculösen Processen sehr häufig vorkommen, so sind sie doch nicht dem Tuberkel ausschliesslich angehörend." Nach ihm sind die den Tuberkel constituirenden Zellen den Zellen der Granulation durchaus gleichwerthig. Der Tuberkel sei — und alle neueren Forschungen bestätigen diese Annahme — entzündlichen Ursprungs und entstehe, in derselben Weise wie die Granulation, zur Hauptsache aus emigrirten farblosen Blutkörperchen, während die Endothelien der Lymphgefässe, überhaupt die fixen Bindegewebszellen an seinem Aufbau nur in untergeordneter Weise betheiligt wären. Nur bestehe zwischen der Granulation und dem Tuberkel der Unterschied, dass für gewöhnlich die mehrkernigen Zellenformen in gesunden Granulationen spärlich vertreten wären, während sie im Tuberkel in grosser Zahl und starker Ausbildung vorhanden seien. Während in der gesunden Granulation aus den durch Stoffaufnahme und Grössenzunahme in epithelioide, sog. Bildungszellen oder Fibroblasten umgewandelten lymphoiden Zellen schliesslich Bindegewebe entstehe, blieben im Tuberkel die Zellen auf der Entwicklungsstufe der Fibroblasten stehen, verfielen rasch einer rückgängigen Metamorphose und verkästen. Hierdurch werde auch die histologische Verschiedenheit der Tuberkeln und das Ungerechtfertigte, die Diagnose derselben lediglich von der anatomischen Structur abhängig machen zu wollen, genügend erklärt. In dem einen Falle seien die extravasirten Rundzellen auf dieser niederen Entwicklungsstufe stehen geblieben, oder hätten eventuell noch nicht die nöthige Zeit zu ihrer Weiterentwicklung gefunden, im anderen Falle könnten sie unter Umständen sogar das Stadium der Fibroblasten- und Riesenzellenbildung überschreiten und sich, wie in gewöhnlicher Granulation, in Bindegewebe umwandeln.

Hierdurch erklärt Ziegler zugleich in befriedigender Weise die schon von Virchow[2]) (Bd. II, S. 639) und Schüppel (l. c.) urgirte Unterscheidung in zellige und fibröse Tuberkeln. Während letzterer die namentlich beim Schwein und Rind vorkommenden fibrösen Tuberkeln für eine höhere, weiter fortgeschrittene Form des zelligen Knötchens hielt, war Virchow der entgegengesetzten Meinung. Er musste es sein, da er die kleinen Rundzellen des Tuberkels ja durch Theilung der fixen Bindegewebszellen entstehen liess.

In gleiche Parallele zur Entzündung stellen den Tuberkel Waldenburg[3]) (S. 423), Rindfleisch[67]) (Bd. 85, S. 71 und Würzburger Bericht 1881; No. 7), Talma[107]), Cohnheim[75]) (Bd. I, S. 207), Councilmann[105]) (1881, S. 207) etc. Birch-Hirschfeld[102]) (2. Aufl., Bd. I, S. 168) erklärt den Tuberkel direct für das Product einer Reaction der Gewebe gegen einen eingedrungenen Fremdkörper etc.

Pflug (l. c. S. 13 und [77]) 1882, No. 14 — vergl. auch Johne[35]) Bd. VII, S. 162) geht noch weiter. In der Lunge eines Rindes, welche makroskopisch in jeder Beziehung das vollständige Bild einer typischen disseminirten Miliartuberculose bot, fand er bei mikroskopischer Untersuchung der kleinen, im Centrum regelmässig einen kleinen Actinomyceshaufen enthaltenden, tuberkelähnlichen Knötchen, dass dieselben auch histologisch dem Tuberkel ausserordentlich nahe standen, resp. mit der reticulären Form desselben übereinstimmten. Er nannte diese Knötchen daher geradezu Actinomycestuberkeln. Er spricht sich weiter ganz entschieden dahin aus, dass man endlich aufhören solle, den Tuberkel als eine Neubildung von bestimmtem histologischen Bau zu bezeichnen. Man müsse jedes Knötchen, möge es in Folge einer Infection oder in Folge einer anderen Ursache entstehen, möge es dem Laënnec'schen, Virchow'schen, dem Riesenzellen- oder reticulirten Tuberkel entsprechen, als Tuberkel bezeichnen, solle aber jedem durch ein passendes Adjectiv seine Art beifügen, wie er es z. B. schon früher beim Rotztuberkel und jetzt beim Actinomycestuberkel gethan habe (Leisering es übrigens auch schon bezüglich der Tuberculose des Rindes gethan hat — vergl. S. 21). Man werde dann sehen, dass damit die grossen Schwierigkeiten der Tuberculosenlehre überwunden seien, dass man in natürliche Bahnen einlenke und der pathologische Anatom mit dem Kliniker wieder Hand in Hand gehen könne — dass „man den Wald vor lauter Bäumen wieder sehe"! (l. c. S. 6). Pflug glaubt geradezu aussprechen zu können, „dass der Tuberkel kein einheitlicher histologischer und kein einheitlicher ätiologischer Begriff sei, sondern eine Collectivbezeichnung für allerlei histologisch und ätiologisch verschiedene, in den thierischen Geweben auftretende, meist (nicht immer) auf entzündlicher Basis beruhende Knötchen."

Den vorstehenden histologischen Studien des menschlichen Tuberkels, deren Zusammenstellung bei der Masse der einschläglichen Literatur nicht entfernt eine vollständige, sondern nur orientirende sein konnte, ging parallel die gründliche Erforschung des thierischen. Die mannigfachen Uebertragungsversuche von Mensch auf Thier und von Thier zu Thier, welche man zur Prüfung der Villeminschen Entdeckung anstellte, machten zu ihrer sorgfältigen Controle auch eine genaue Kenntniss des thierischen Tuberkels nothwendig.

Nachdem Gurlt, Virchow und Röll die Tuberculose des Rindes früher für eine sarcomatöse, Gerlach, Spinola, Fuchs und Förster für eine tuberculöse Neubildung angesehen, Leisering derselben aber eine Mittelstellung als sog. Rindstuberculose angewiesen hatte (vergl. S. 21 dieser Monogr.), haben fast alle neueren Arbeiten die zweifellose Identität des menschlichen und bei den verschiedensten Thieren erzeugten Impftuberkels ergeben. Besonders ist die vollkommene Uebereinstimmung der sowohl bei der Lungentuberculose, als wie auch bei der Perlsucht des Rindes vorkommenden Tuberkeln mit denen des Menschen positiv bewiesen worden. Es genügt bezüglich dessen auf die Arbeiten von Wagner (l. c.), Schüppel[67]) (Bd. 56, S. 38),

Klebs[67]) (Bd. 44, 49 etc.), Orth[67]) (Bd. 76, S. 217), Baumgarten[31]) (1880, No. 49), Kikiloff[35]) (VII, 375), Lwow (ibid. S. 374) etc. hinzuweisen.

Trotz alledem hat es an Einwänden hiergegen von Seiten derjenigen nicht gefehlt, welche den wankend gewordenen, jetzt als überwunden zu betrachtenden, streng anatomisch-histologischen Standpunkt hinsichtlich der Diagnose des Tuberkels nicht preiszugeben vermochten, und letzteren immer nur als das distincte zellige Knötchen Virchow's oder Schüppel's auffassten.

So sind von Virchow stets, und noch in seiner neuesten Arbeit[31]) (1880, No. 14), die erheblichen äusseren Verschiedenheiten im äusseren Auftreten des menschlichen Tuberkels und dem des Rindes betont worden. Die in letzteren angeblich immer mangelnde Verkäsung, ihre rasch eintretende, allgemeine Verkalkung, ihre durchaus verschiedene Form und Gruppirung an den serösen Häuten seien so erhebliche Differenzen, dass, abgesehen von ihrer inneren Verschiedenheit, beide Neubildungen nicht identificirt werden könnten.

Diese Einwände sind indess vollständig widerlegt worden. So wurde durch Günther und Harms[61]) (Bd. IV) — welche in den tuberculösen, plattenartigen Auflagerungen des Peritoneum sogar tuberculöse Geschwüre beobachteten — Bollinger[109]) (1875, No. 47), Kirillow[110]) (1880), Baumgarten[31]) (1880, S. 174) ausdrücklich constatirt, dass auch bei der Rindstuberculose Verkäsung eintritt, welche nur durch die in Folge individueller, in der Verschiedenheit der Ernährung und des Stoffwechsels begründeten Ursachen sehr bald eintretende Verkalkung verdeckt werde. Letzteres sei aber nicht die unbedingte ausschliessliche Regel. Bei jungen Thieren zeigten die tuberculösen Neubildungen häufig sogar keine Spur derselben, sondern verkästen, oder bildeten nach eingetretener Erweichung im Parenchym der Organe Cavernen — alles wie beim Tuberkel des Menschen.

Baumgarten (l. c.) urgirt ausdrücklich, dass nach seinen Untersuchungen eine echte käsige Nekrose kaum weniger ausgedehnt, und in ganz identischer Art wie beim Menschen, vorkäme, welche sich durch vorsichtige Entkalkung der Knoten leicht nachweisen lasse. Aehnlich Lwow (l. c. 397). Derselbe hebt gegen Virchow noch hervor, dass man die beim Tuberkel des Rindes allerdings häufig eintretende Kalkmetamorphose deshalb nicht als einen principiellen Unterschied auffassen könne, weil dieselbe das Resultat der verschiedensten pathologischen Processe sei und auch, wie Samuel und Schakki lehrten, bei der Tuberculose des Menschen vorkomme (vergl. auch [111]) S. 609). Umgekehrt sei aber auch die caseose Metamorphose keine typische Eigenthümlichkeit der menschlichen Tuberculose. Am ähnlichsten sei der Perlknoten dem chronischen Tuberkel des Menschen, da dieser nach Rudneff[112]) aus einer Confluenz mehrerer Tuberkeln bestehe und nach Virchow durch eine bedeutende Ausbildung von Bindegewebe, wie auch der Perlknoten, ausgezeichnet sei. — Dass auch die von Virchow als Unterschied betonte äussere Form der Tuberculose der serösen Häute beim Rind kein entscheidender Differenzpunkt ist, beweist eine Mittheilung von Creighton[71]) (1880, S. 1018). Dieser beschrieb 8 Fälle von Tuberculose des Menschen, bei welchen breite, flache und perlschnurartig verbundene Tuberkeln der Serosa gestielt aufsassen.

Die angebliche innere Verschiedenheit des menschlichen und thierischen Tuberkels, in Folge deren Virchow den des Rindes als Lymphosarkom bezeichnete, ist auch für Semmer[35]) (Bd. II, S. 219) ein Grund gewesen, die vollständige Identität der bei Menschen und Thieren vorkommenden tuberculösen Processe zu bezweifeln. Nach ihm soll sich der Tuberkel des Rindes in Folge seiner stark fibrösen Grundsubstanz mehr den Sarkomen nähern, während der des Schafes fast ganz dem des Menschen entspräche — eine Ansicht, die von Schüppel, Baumgarten u. A. durch den Nachweis widerlegt worden ist, dass neben der fibrösen Form auch typische zellige Tuberkeln in der Rindslunge gefunden werden. Die Arbeiten Ziegler's (l. c.) lassen diese Verschiedenheit übrigens als ganz nebensächlich erscheinen; nach Birch-Hirschfeld[102]) (2. Aufl., Bd. I, S. 167) sind sie einfach auf die verschiedene Höhe der Entwicklung des Tuberkels und auf Gattungs- und individuelle Verhältnisse zurückzuführen. Die oben angeführten Arbeiten beweisen also genügend die vollständige anatomische Uebereinstimmung des menschlichen und thierischen Tuberkels, wenn man nur nicht eigensinnig den Standpunkt Virchow's festhält.

Orth (l. c. S. 235) sagt bezüglich der bei seinen Fütterungsversuchen mit perlsüchtigen Massen bei Kaninchen erhaltenen Impftuberkeln: „Gefässlose, multiple Knötchen, die im Wesentlichen aus grossen epithelialen Zellen aufgebaut sind, häufig einen reticulären Bau haben und grosse vielkernige Riesenzellen enthalten, die endlich die Neigung besitzen, vom Centrum aus zu verkäsen, bilden eine Affection, die beim Menschen unbedingt als eine tuberculöse bezeichnet werden müsste". Hierdurch würde auch Friedländer's Einwand [75]), die Impftuberculose sei, weil in ihnen die das Kriterium der menschlichen Tuberculose bildenden Langhanns'schen Riesenzellen fehlten, genügend widerlegt. Orth (l. c. S. 237) betont ausserdem noch ganz besonders, dass sich der durch Fütterung mit tuberculösen Massen vom Rind beim Kaninchen hervorgerufene Tuberkel im äusseren Ansehen zwar nicht unerheblich von den Perlknoten der serösen Häute unterscheide und schon wegen der fehlenden, beim Rind so sehr in den Vordergrund tretenden Verkalkung mehr dem Tuberkel des Menschen ähnlich sehe. Wenn nun aber schon die Perlsucht ein so verschiedenes Ansehen zeige, so könnten die zwischen der Perlsucht des Rindes und der menschlichen Tuberculose vorhandenen äusseren Unterschiede um so weniger gegen die Identität beider sprechen, als eben die Kaninchenperlsucht vielmehr der letzteren näher steht, als der ersteren, aus welcher sie entstanden sei. —

Nach allem lässt jeder Perlknoten der serösen Häute, beziehungsweise auch jeder Organtuberkel des Rindes, in einem gewissen Entwicklungsstadium zwei Bestandtheile ganz präcis unterscheiden:

1. Ein bindegewebiges, sehr zellenreiches und daher dem Sarkom, beziehungsweise Lymphosarkom ähnliches Stroma, in dem auch, die in jungen Knoten sehr zahlreichen, in älteren spärlichen Gefässe der Neubildung verlaufen. Die äusseren, jüngeren Schichten desselben bestehen aus Granulationsgewebe, durch dessen fortgesetzte Wucherung das periphere Wachsthum und die gelegentliche Verschmelzung, resp. Adhärirung der einzelnen Perlknoten der serösen Haut unter einander vermittelt wird. Mehr nach innen, in den älteren Theilen des Knotens, geht dasselbe in ein mehr feinfaseriges Bindegewebe über, in welchem viele runde und spindelförmige Zellen eingelagert sind, welche letztere mit ihren Ausläufern mannigfach anastomosiren, ein Bild, das allerdings lebhaft an ein Lympho- oder Fibrosarkom, oder beim Ueberwiegen der fibrillären Elemente sogar an ein Fibrom erinnern kann. In diesem Stroma sind

2. submiliare Knötchen, Tuberkeln, von circa 0,25 Mm. Durchmesser mehr oder weniger dicht und gleichmässig eingebettet, welche anfangs isolirt stehen, später vielfach zu miliaren, mit blossen Augen wahrnehmbaren Knötchen confluiren. Jedes der kleinsten Knötchen besteht aus einer oder mehreren, meist auffallend grossen, circa 0,12 bis 0,15 Mm. im Durchmesser haltenden Riesenzelle mit sehr vielen — nach Virchow bis 60 — fast regelmässig randständig liegenden Kernen. Nach Schüppel sind diese Zellen anfangs als rundliche oder schwach ovale Protoplasmahaufen vereinzelt im Granulationsgewebe, ohne Zusammenhang mit demselben, eingebettet, während sie sich später — und so findet man sie in der Regel — durch Bildung eckiger und zackiger Ausläufer in unregelmässige Sternzellen verwandeln. Diese Ausläufer hängen unmittelbar mit einem aus mehr homogen erscheinenden Bälkchen gebildeten Reticulum zusammen, das die Grundlage des ganzen Knötchens bildet und nach aussen in das Stromagewebe übergeht. Nach Lwow sollen die Ausläufer der Riesenzellen des Rindstuberkels stumpf endigen und das Reticulum nur schein-

bar mit demselben in Verbindung stehen. In den Maschenräumen
des letzteren liegen unmittelbar um die Riesenzelle grössere, 0,01 bis
0,03 Mm. durchmessende rundliche oder polyedrische, epithelähnliche
Zellen mit 1—3 runden oder ovalen, verhältnissmässig grossen Kernen und einer verhältnissmässig schmalen Zone blassen, feinkörnigen
Protoplasmas. Auf die leichte Zerbrechlichkeit dieser Zellen ist von
Schüppel mit Recht aufmerksam gemacht worden.

Ob dieselben übrigens nach diesem Autor als abgeschnürte Producte der Riesenzellen zu betrachten sind, bleibt fraglich. Jedenfalls
ist aber dessen Beobachtung richtig, dass in den grösseren und älteren
Knötchen die Riesenzellen im Allgemeinen kleiner sind, ja seltener
gefunden werden, als in den jüngeren. Es hat aber den Anschein,
als ob die Riesenzellen weniger in der Bildung der epithelioiden Zellen
als vielmehr in dem complicirten Reticulum bei dessen fernerem
Wachsthum aufgingen. Nach der Peripherie des Knötchens werden
diese Zellen kleiner und gehen meist unmerklich in die angrenzenden
lymphoiden Zellen des umschliessenden Granulationsgewebes über.

Ganz dieselbe histologische Structur besitzen die in den Schleimhäuten und die im Parenchym der Lunge und verschiedener anderer
Organe vorkommenden Tuberkeln. Sie entwickeln sich dort aus dem
submucösen, beziehungsweise interstitiellen Gewebe, das zunächst
durch eine kleinzellige Infiltration den Charakter eines jungen, zellen-
und gefässreichen Binde-, resp. Granulationsgewebes annimmt. In
diesem entwickeln sich submiliare Tuberkelknötchen nach dem beschriebenen Modus. Bezüglich derjenigen Tuberkeln, welche bei primärer oder vollständig solitärer, nicht mit Tuberculose der Pleura
verbundener Lungentuberculose vorgekommen, würde höchstens der
übrigens unwesentliche Unterschied bemerkbar sein, dass bei diesen
das Reticulum weniger stark entwickelt, die Menge der Riesenzellen
geringer und der Nachweis derselben daher etwas schwieriger ist.

Allmählich verfallen die Tuberkelknötchen gewissen regressiven
Metamorphosen, welche im Centrum derselben anheben und zunächst
mit Coagulationsnekrose, Eintrocknung, körnigem Zerfall und fettiger
Degeneration des Protoplasmas der grossen epithelioiden Zellen, resp.
der Riesenzellen oder deren noch vorhandenen Reste beginnen. Die
Kerne der ersteren leisten verhältnissmässig längeren Widerstand,
verfallen aber schliesslich derselben Metamorphose. Das Reticulum
soll nach Schüppel in Form eines mehr homogenen oder fibrillären
Gewebes persistiren, indess ist dies nur in jüngeren Knötchen der
Fall; in älteren verfällt auch dies der Coagulationsnekrose, resp.
Verkäsung und Verfettung. Besonders bei älteren Thieren macht
sich gleich vom Anfang her eine bemerkenswerthe Neigung zur Verkalkung der verkästen und fettig degenerirten Partien der Knötchen
geltend. Vom Centrum her lagern sich überall Kalksalze, Kalkkrümelchen in die verkästen Knötchen ab, ja schliesslich kann auch das
allmählich immer derber und fibrillärer gewordene Stroma der Verkäsung und Verkalkung verfallen. Der ganze Knoten, mag derselbe
im Parenchym der Organe oder an den serösen Häuten sitzen, bildet
dann einen, von nur wenig intacten Bindegewebsmassen durchzogenen

resp. theilweise umhüllten Kalkklumpen. Die Perlknoten der serösen Häute erhalten hierdurch zuweilen eine rauhe, bimssteinartige Oberfläche.

Die mit der Milch tuberculöser Kühe angestellten Fütterungsversuche sind auch Ursache gewesen, dass man das Euter, sowie die Milch derselben einer näheren Untersuchung unterwarf.

Was die anatomischen Untersuchungen des Euters tuberculöser Kühe betrifft, so erwähnte schon Gluge 1850 in seiner pathologischen Anatomie im Euter des Rindes vorkommende Tuberkeln, ebenso Bruckmüller (path. Anatomie) und Fürstenberg [113]). In der neueren Literatur finden sich eine ganze Reihe solcher Beobachtungen von Fünfstück, Dinter, Ackermann, Hartenstein, König, Pröger [59]) (1870, 1872, 1874, 1875, 1876, 1879), Annacker [93]) (Bd. XVII, S. 104), Foglar [111]) (1879, S. 103), Eggeling [46]) (1879/80. S. 14) und Anderen, durch welche das Vorkommen von Tuberkeln im Euter perlsüchtiger Kühe erwiesen und zum Theil deren Zusammenhang mit der Tuberculose der daraus ernährten Kälber höchst wahrscheinlich gemacht worden ist. (Vergl. auch Obnacker, Die Tuberculose der weiblichen Brustdrüse. Inaugural-Dissertation 1882.)

Kolessnikow [67]) (Bd. 70, S. 531) erklärt die im Euter vorkommenden Neubildungen auf Grund seiner unter Virchow's Leitung vorgenommenen Untersuchung der Auffassung seines Meisters entsprechend allerdings für die der Perlsucht des Rindes eigenthümlichen Lymphosarkome. Nach Schüppel's gründlichen Untersuchungen sind dieselben indess ja vollständig identisch mit dem Tuberkel des Menschen. Virchow selbst hält auch bei einer eventuellen Controle der Milchthiere die perlsüchtigen Erkrankungen des Euters für sehr beachtenswerth [31]) (1880, S. 210).

Die chemische und physikalische Untersuchung der Milch tuberculöser Kühe hat bis jetzt zu keinem Resultat geführt. Billardière [13]) hat in der Milch der tuberculösen Milchkühe von Paris siebenmal mehr phosphorsauren Kalk als in der Milch gesunder Kühe gefunden. Dieselbe Angabe findet sich bei Dupuy [17]) (p. 257). Lehmann [115]) constatirte eine Verminderung ihres Caseïngehaltes, Dutrone [93]) (1873. p. 257) hielt es für ein Symptom der Tuberculose, wenn die Milch blau werde, während nach Tappeiner's und Förster's Untersuchungen [35]) (Bd. VI, S. 105) die Milch tuberculöser

Kühe weder mikroskopische noch chemische Differenzen von der gesunder zeigt.

Die mit verbesserten Hülfsmitteln und Methoden vorgenommenen histologischen Untersuchungen gaben aber auch noch weitere interessante Aufschlüsse und beförderten die Kenntniss der Tuberculose um ein erhebliches Stück weiter. Man fand, dass der Tuberkel in der von Schüppel fixirten histologischen Zusammensetzung viel häufiger und selbst bei solchen mit Verkäsung einhergehenden Processen vorgefunden werden konnte, welche man bisher zu den entzündlichen, hyperplastischen, resp. scrophulösen Neubildungen, — nach Virchow also nicht zur Tuberculose gerechnet hatte. So fand man beim Menschen typische Tuberkeln bei der scrophulösen Lymphadenitis (Schüppel[97])) bei der käsigen Pneumonie, bei gewissen Formen fungöser Gelenkentzündungen (Küster[67]) Bd. 48, S. 95 — Schüller[117]) etc.

Und alle diese scheinbar verschiedenen Processe hatten mit der Tuberculose ein gemeinsames Kriterium: sie erzeugten bei Ueberimpfung auf Thiere locale und allgemeine Tuberculose und bewiesen hierdurch mit unzweifelhafter Consequenz, dass sie trotz der Verschiedenheit ihrer makroskopischen Erscheinungsform genetisch zusammen gehörten. Sie verhielten sich also ganz entgegengesetzt den durch Impfung nicht infectiöser Massen erzeugten, von Martin sogenannten pseudotuberculösen Knötchenbildungen, welche trotz ihrer anatomischen Gleichartigkeit mit Tuberculose nichts zu schaffen haben. Diese sind niemals verimpfbar und vermögen im geimpften Organismus keine von der Impfstelle ausgehende allgemeine Tuberculose hervorzurufen.

Aehnlich dürfte es sich mit den knötchenartigen Bildungen verhalten, welche Balogh (Wien. med. Bl. 1882. No. 49) bei Kaninchen in Lungen und Nieren nach Inhalation verschieden geformter Schizomyceten erhalten haben will, die in den Sümpfen der Umgebung von Budapest vorkommen sollen.

Ein Gleiches gilt, wie weitere Untersuchungen lehrten, von einigen anderen Knötchen bildenden Entzündungen des Menschen, welche trotz aller anatomischen Aehnlichkeit aus obigen Gründen doch nicht zur Tuberculose gerechnet werden können. Ein eclatantes Beispiel hierfür bildet der Lupus der Haut mit seinen, dem Schüppel'schen Tuberkel oft vollständig analogen Granulationsknötchen, ebenso manche Formen der Syphilis.

DRITTER ABSCHNITT.

Die gegenwärtige Anschauung über die Tuberculose der Menschen und Thiere im Allgemeinen vom Standpunkte der Infectionslehre.

In der etwas speciell geschilderten Weise hat sich denn allmählich die Lehre Villemin's Bahn gebrochen und ist zur herrschenden geworden. Unsere heutige Kenntniss über das Wesen der Tuberculose lässt sich dem entsprechend etwa in folgenden Worten zusammenfassen:

Die Tuberculose ist anatomisch ein destruirender Entzündungsprocess, der zur Bildung kleiner, später käsig zerfallender, zelliger, gefässloser Granulationsknötchen von meist bestimmtem Baue führt. Dieser Entzündungsprocess kennzeichnet sich aber klinisch durch eine scharf ausgesprochene Progressivität. Es kommt bei ihm nicht nur in dem primär befallenen Organ zur destruirenden Knötchenbildung, sondern dieselbe verbreitet sich auch successive oder plötzlich über den Gesammtorganismus, oder kann, wie dies die geschilderten, seit Villemin's Entdeckung ausgeführten experimentellen und histologischen Arbeiten beweisen, durch Impfung vom Mensch auf Thier und vom Thier auf Thier übertragen werden. Mit einem Worte: **Es steht zweifellos fest, dass die Tuberculose eine Infectionskrankheit, und zwar eine bei Menschen und Thieren vollständig identische Infectionskrankheit ist.**

Niemand hat wohl die Tuberculose von diesem neugewonnenen Standpunkte der Infectionslehre in jüngster Zeit in klarerer Weise geschildert, als Cohnheim [116]) und [78]) (Bd. I, S. 711). Er betont zunächst, dass der rein anatomische Standpunkt bei der Diagnose des Tuberkels nicht mehr stichhaltig, sondern nur der ätiologische der berechtigte sein könne. Das zellige Knötchen allein könne eben so wenig, wie die früher von Laënnec urgirte Verkäsung, das entscheidende Kriterium der Tuberculose sein, weil beides derselben nicht ausschliesslich eigenthümlich wäre. Das zellige Knötchen einerseits, die käsige Coagulationsnekrose andererseits seien vielmehr nur dann der Tuberculose zuzurechnen, wenn ihre Uebertragung wiederum Tuberkelbildung, d. h. Knötchenbildung und Verkäsung hervorzurufen vermöge. „Zur Tuberculose gehört alles, durch dessen Uebertragung auf geeignete Versuchsthiere Tuberculose hervorgerufen wird, und nichts, dessen Uebertragung unwirksam ist."

Da aber — so folgerte Cohnheim und mit ihm Klebs',
Gerlach, Bollinger, Orth, Baumgarten etc. weiter —
nicht alle tuberkelähnlichen Knötchen und nicht alle käsigen Massen eine solche infectiöse Wirkung besitzen, so müsste
diese letztere durch eine specifische Beimengung, ein specifisches
Virus, bedingt sein. Erst wo solches mit dem Impfmaterial hin-
gelange und längere Zeit verweile, entstehe ein tuberculöses
(oder scrophulöses) Product. Durch altbekannte klinische und
patholisch-anatomische Erfahrungen werde dies zur Genüge bewiesen. So z. B. durch das wiederholt beobachtete, schon von
Virchow [2]) (Bd. II, S. 725) erwähnte epidemische Auftreten und
durch die vielfach beobachteten Fälle von Ansteckung unter
Eheleuten [18]) (Bd. I, S. 721, sub 39), vor Allem aber durch die
anatomische Verbreitung der Tuberculose im Organismus. Letztere richte sich in erster Linie nach der Eingangspforte des Virus,
von dort aus erfolge sie entsprechend den natürlichen Strassen
des Organismus, werde aber indess wesentlich von jener Widerstandsfähigkeit desselben beeinflusst, welche man vielfach als den
Ausfluss einer besonderen Disposition oder Prädisposition ansehe
(vergl. Ziegler, path. Anatomie, Bd. I, S. 174).

In der Mehrzahl der Fälle gelange das Gift mit der Atbmungs-
luft in den Organismus. So erkrankten meist zunächst die Lungen
und von dort aus würden die Bronchialdrüsen und die Pleura inficirt.
Durch Expectoration des infectiösen Auswurfes würden dann Trachea
und Kehlkopf, durch Verschlucken des infectiösen Sputums der Verdauungskanal inficirt. Andernfalls könne auch der Eintritt des Virus
durch letzteren mittelst der Nahrung etc. erfolgen und der Verdauungs-
apparat zuerst erkranken. Hier beginne die Infection vielfach in den
lymphoiden Organen der Mund- und Rachenhöhle und führe zur Tuberculose der oberen Halslymphdrüsen. Schlund und Magen blieben,
weil das Virus ersteren rasch passire, die chemische Wirkung der
Verdauungssäfte letzteren aber schütze, meist frei, dagegen etablire
sich die Tuberculose um so ausgedehnter im Darm, ergreife dann
allmählich die Mesenterialdrüsen (Phthisis meseraica), Leber und Milz,
pflanze sich aber auch durch die Lymphgefässe des Darmes von tief-
gehenden tuberculösen Geschwüren aus auf das Peritoneum, und von
dort durch die Tuben auf den Uterus fort. Da das tuberculöse Gift
durch die Nieren ausgeschieden werde, so schliesse sich den vorigen
Processen häufig eine Tuberculose der Nieren an, welche dann durch
die Ureteren herab bis zur Blase, der Prostata und dem Urogenital-
kanal, von dort aber bis zu den Samenblasen, den Samenleitern und
den Hoden herabzusteigen vermöge. In Folge von Infection durch den
Coitus könne aber auch umgekehrt bei männlichen Thieren vom Uro-
genitalkanal aus das tuberculöse Gift nach Nieren und Hoden, bei

weiblichen Thieren von Scheide und Uterus aus nach dem Peritonealsack gelangen.

Genau so wie beim Menschen liegen, wie die oben genannten Forscher dargethan, die Verhältnisse bei der Tuberculose der Thiere, gleichviel ob die Infection mit menschlichen oder thierischen Tuberkeln, gleichviel ob sie zufällig oder absichtlich durch Impfung, Inhalation oder Fütterung erfolgte. Gerade die vollständige Uebereinstimmung des Infectionsganges bei Menschen und Thieren kann als ein weiteres starkes Glied in der Kette der Beweise für die Identität der menschlichen und thierischen Tuberculose aufgefasst werden.

Die Verbreitung des Tuberkelvirus im Organismus erfolgt auf mehrfache Weise. Dass die local-regionäre Ausbreitung des Processes innerhalb desselben durch die Lymphspalten des interstitiellen Bindegewebes und die Lymphgefässe, eventuell durch den Weitertransport infectiöser Massen in Schleimhautkanälen und serösen Säcken ohne Mithülfe dieser, lediglich an der inneren Oberfläche genannter Hohlräume erfolgt, ist längst festgestellt. Die Art und Weise der allgemeinen Generalisirung wurde dagegen erst in neuerer Zeit durch Ponfick und Weigert näher ermittelt. Nach beiden tritt eine solche dann ein, wenn das Tuberkelvirus in den allgemeinen Blutstrom gelangt und mit diesem nach allen Organen des Körpers hingeführt wird.

Ponfick[31]) (Bd. XIV, S. 77) hat als Eintrittsstellen desselben in 3 Fällen tuberculöse Geschwüre und Infiltrationen im Ductus thoracicus, Weigert[67]) (Bd. 77, S. 269 und ibid. Bd. 88, S. 307) Tuberkelentwicklung in der Wand der Lungenvenen nachgewiesen. In jüngster Zeit hat letztgenannter Forscher[67]) (Bd. 88) den Begriff der „generalisirten miliaren Tuberculose" noch genauer präcisirt und versteht darunter ausschliesslich Tuberkeleruptionen an solchen Stellen, wohin das Tuberkelgift nur auf dem Wege des allgemeinen Blutstromes gelangt sein konnte, scheidet hiervon aber jene Tuberkeln aus, welche durch Weiterschreiten per contiguitatem, Fortkriechen in den Lymphwegen, durch Ueberimpfung oder durch Eintritt in das Pfortadergebiet entstehen.

Orth[31]) (1881, Nr. 42, S. 613), welcher auf Grund seiner Versuche zwischen chronisch verlaufenden tuberculösen oder käsig pneumonischen Lungenphthisen einerseits, und acuter Miliartuberculose andererseits, genetisch keinen Unterschied bestehen lässt, erklärt übrigens die äussere Verschiedenheit dieser Processe dadurch, dass er annimmt: Je nachdem das giftige Agens in grösseren Mengen in den allgemeinen Blutstrom gelangt, oder nach und nach in kleinen Portionen, oder je nachdem es mehr local zur Wirkung komme, und endlich je nachdem es auf ein widerstandsfähiges oder schwächliches Individuum einwirkt, würden sich die anatomischen Befunde der Tuberkelinfection bald mehr acut unter dem Bilde der Miliartuberculose, bald mehr als käsige Phthise mit oder ohne Knotenbildung darstellen.

Welcher Natur das die Tuberculose hervorrufende Gift sei, ist bis in die allerneueste Zeit zweifelhaft geblieben.

Die von Buhl, Rindfleisch und zahlreichen Klinikern ausgesprochene Ansicht, dass der Organismus selbst das Gift der Tuberculose produciren könne, hat sich nie allgemeine Geltung verschafft. Besonders sollten scrophulöse, d. h. solche Individuen, welche auf relativ geringe Reize hin sehr zellenreiche, rasch verkäsende Entzündungsproducte liefern, nach Resorption der letzteren zu solcher Selbstinfection disponiren. Nicht specifische Reize sollten also specifisch infectiöse Entzündungsproducte bilden.

Experimentelle und klinische Untersuchungen und Beobachtungen haben diese Theorie, wie schon oben genügend ausgeführt, hinlänglich widerlegt. Namentlich spricht die klinische Thatsache, dass eine Menge käsig-nekrotischer Gewebsmassen resorbirt wird, ohne dass eine Tuberkeleruption erfolgt, zu klar dafür, dass nicht alle dergleichen eine specifisch inficirende Wirkung besitzen, dass vielmehr bei den giftigen Käsubstanzen noch ein „gewisses Etwas" hinzukommt, resp. schon bei der Bildung des Käses vorhanden ist, was sie erst infectiös macht. „Wir wissen heute," sagt Cohnheim[110]), „dass nur diejenigen hyperplastischen oder Entzündungsproducte die specifische, d. h. infectiöse, tuberculöse Verkäsung erleiden, welche selbst schon ein Product des tuberculösen Virus sind." Eine Pleuritis, welche nicht zur Resorption gelange, sich hinschleppe oder gar recidivire und hinterher zur Lungentuberculose führe, sei eben von Anfang her eine tuberculöse gewesen. Dasselbe gelte von der Bronchitis, der Pneumonie und Lymphdrüsenanschwellungen; sie verkästen, weil sie vom Anfange an durch das tuberculöse, oder wie es hier genannt werde, scrophulöse Gift, hervorgerufen seien[75]) (S. 709). Oder wie sich Ziegler (path. Anatomie S. 177) mit Bezug auf das Verhältniss der Tuberculose zur Scrophulose ausdrückt: „Das verkäsende Entzündungsproduct eines Scrophulösen ist nicht deshalb infectiös, weil er scrophulös, sondern weil er bereits tuberculös ist, oder das Entzündungsproduct secundär durch Tuberkelgift inficirt wurde.

Schon die bis jetzt vorliegenden klinischen und experimentellen Thatsachen und die Analogie mit anderen Infectionskrankheiten, machten es seit langem im hohen Grade wahrscheinlich, dass es sich auch bei der Tuberculose nur um corpusculäre, organisirte Elemente, um einen reproductionsfähigen, organisirten Virus, nicht um ein gelöstes chemisches Gift handeln könne.

Bereits Zürn[64]) (S. 9, 12, 16) hat bei seinen im September 1871 angestellten Untersuchungen nicht nur im Blute einer tuberculösen Kuh, sondern auch in den Tuberkelmassen derselben „kleine punktförmige Zellenmoleküle" (S. 12 ib. als Mikrococcen bezeichnet) gefunden, „welche, in Wasser gebracht, eine lebhafte Bewegung zeigten, die, wie unter guten Immersionsystemen gesehen werden konnte, eine selbständige war. Zusatz von einem Minimum Phenylsäure hob die Bewegung dieser kleinen beweglichen Punkte auf." Dieselben Mikrococcen fand Zürn in einer Impfgeschwulst, welche durch Impfung mit durch Abschwemmung von den gröberen käsigen Partikeln getrennten Tuberkelmassen („Tuberkelzellen" ibid. S. 12) bei einem Kaninchen entstanden war, ebenso in miliaren Impftuberkeln der Lunge. — Auch Chauveau[80]) (1872, S. 337) sprach sich für die corpusculärparasitäre Natur des Tuberkelvirus aus, während Klebs[65]) (Bd. I, 1873, S. 172 und [67]) Bd. 49, S. 291) dieselbe anfangs bezweifelte, später aber ebenfalls für sie eintrat. Die mannigfachsten weiteren indirecten (klinischen) und directen (experimentellen) Beweise, vor Allem die nachgewiesene unbegrenzte Vermehrungsfähigkeit des Virus wurde Veranlassung, dass die Ansicht der genannten Forscher immer mehr Boden gewann.

Reinstadler[77]) (1880, No. 42), Müller[119]) (1880, No. 19), Krozcok und Rokitansky[120]) (1880) u. A. glaubten dieselbe durch die günstige Wirkung antibacterieller Mittel bei Lungentuberculose bestätigt. Baumgarten[34]) (1880, S. 714) vermuthete ein corpusculäres Contagium vivum aus zwei Gründen. Einmal würde durch intacte Impftuberkeln bei Weiterimpfungen ein Erfolg nicht ausgelöst, dieselben müssten erst zerquetscht werden; das Virus müsse somit im Innern sitzen und corpusculärer Natur sein, da gelöstes das ganze Knötchen diffundiren würde. Ferner würde aber auch durch kurz andauernde Behandlung des Impfstoffes mit 2—3 proc. Carbolsäurelösung die Contagiosität des Tuberkels aufgehoben. Ziegler[106 b]) (S. 178) begründet die gleiche Annahme durch die örtlich beschränkte

Wirkung des Giftes. Schüller[117]) und Baumgarten glaubten im Blute der Versuchsthiere mit selbständiger Eigenbewegung versehene kleine Körnchen wahrgenommen zu haben, die schon längst vorher von Zürn[64]) (1872, S. 9) beschrieben und abgebildet worden waren. Auch Cohnheim und Fränkel[67]) (Bd. 45) sind kleine, stark lichtbrechende, mit lebhafter Molecularbewegung begabte Körnchen in den spontan entstandenen und Impftuberkeln nicht entgangen. Aufrecht[124]) endlich hat im Centrum der Impftuberkeln bei mehreren Kaninchen neben zwei verschiedenen Mikrococcusarten kurze Stäbchenbacterien gefunden, deren Längsdurchmesser den Querdurchmesser um die Hälfte übertraf. Toussaint[7]) (Tome VI, 1880; Tome 93, No. 7, p. 350 und [121]) p. 484) beschäftigte sich vielfach mit der Cultur des supponirten Tuberkelpilzes, als welchen er kleine, meist paarweise zusammenliegende Mikrococcen ansah, deren Virulenz mit der Zahl der Culturen steigen sollte. Nach Deutschmann[77]) (1882, S. 322) haben hingegen die von ihm im tuberculösen Eiter gefundenen Mikrococcen nicht gleiche specifische Wirkung, je nachdem man das Eiterserum oder die tieferen zähflüssigen Schichten desselben verwendet, trotzdem die in beiden vorgefundenen Coccenformen den Charakter des sog. Monas tuberculosum zeigten.

Das Verdienst, diese Vermuthungen zur unbestreitbaren Thatsache erhoben, d. h. den wahren Tuberkelpilz und damit das Virus der Tuberculose entdeckt zu haben, gebührt aber Koch[31]) (1881. Nr. 15), dem vielgenannten Bacteriologen des deutschen Reichsgesundheitsamtes. Es ist ihm Anfang dieses Jahres mit Hülfe bestimmter, mittlerweile von Ehrlich[119]) (1882. No. 19) und Baumgarten[77]) (1882. S. 434) noch verbesserter Färbungsverfahren gelungen, in allen von ihm untersuchten tuberculösen Producten bei Menschen und Thieren bis dahin nicht bekannte Bacillen aufzufinden. Wenige Tage darauf veröffentlichte Baumgarten[77]) (1882. Nr. 15) die gleiche Entdeckung, welche Koch's Priorität und Verdienst in dieser Frage indess ebenso wenig schmälert, wie die spätere Reclamation derselben durch Aufrecht[77]) (1881. S. 289). Ihm allein war es ausser der Auffindung des Pilzes zugleich gelungen, mittelst einer neuen, von ihm erfundenen Methode die Bacillen absolut rein zu züchten, sie isolirt mit Erfolg zu verimpfen und so mit einer vollständig abgeschlossenen Entdeckung vor die Oeffentlichkeit zu treten.

Die von Koch entdeckten Bacillen sind sehr dünne Stäbchen, deren Länge dem halben bis ganzen Breitendurchmesser eines rothen Blutkörperchens entspricht. Man findet sie vielfach in den Riesenzellen eingebettet, welche die Bacillen nach Analogie der von Weiss, Friedländer und Laulamié[31]) (1882, S. 222 und [80]) 1881, No. 1; vergl. auch S. 36 d. Monogr.) beobachteten Bildung von Riesenzellen um Fremdkörper, wie Pflanzenfasern, Strongyluscier, Actinomycespilze, ebenfalls als irritirende Fremdkörper eingeschlossen haben. Die Koch'schen Tuberkelbacillen unterscheiden sich aber von den bisher mit der Tuberculose in ätiologische Beziehung gebrachten Spaltpilzen ausser ihrem scheinbar specifischen Tinctionsvermögen dadurch, dass sie unbeweglich sind und sich ausserordentlich langsam vermehren.

Durch Verimpfung dieser Bacillen, die zum Theil bis 178 Tage ausserhalb des Organismus in mehrfacher, sogar bis achtfacher Umzüchtung auf geronnenem Blutserum cultivirt worden waren, gelang es Koch, bei Meerschweinchen, Kaninchen, Ratten, Mäusen, Katzen und Hunden in jedem Falle eine locale und typische allgemeine Miliartuberculose hervorzurufen. Gleichviel von welchem Thiere oder Menschen das ursprüngliche Material abstammte, der Erfolg war der gleiche und entsprach vollständig den von anderen Forschern, namentlich Cohnheim, Salomonsen und Baumgarten gewonnenen Resultaten.

Koch erklärte die Bacillen für einen so charakteristischen Bestandtheil des Tuberkels, dass er geradezu aussprach: Mit dem Nachweis der Tuberkelbacillen wäre die Möglichkeit gegeben, die Grenze der unter Tuberculose zu verstehenden Krankheiten bestimmter als bisher zu ziehen. Es werde in Zukunft nicht schwer sein zu entscheiden, was tuberculös und was nicht tuberculös sei. Nicht der anatomische Bau des Tuberkels — Koch stimmt hierin also vollständig mit Cohnheim überein — sondern der ätiologische Nachweis von Tuberkelbacillen in demselben werde künftighin das entscheidende Kriterium sein.

Dieses Kriterium als maassgebend angenommen, müssten nach seinen Untersuchungen Miliartuberculose, käsige Pneumonie, käsige Bronchitis, Darm- und Drüsentuberculose, Perlsucht des Rindes, spontane und Impftuberculose bei Thieren **für vollständig identische Processe** angenommen werden. Jedenfalls sei auch ein grosser Theil, wenn nicht alle, scrophulösen Drüsen und Gelenkleiden der echten Tuberculose zuzuzählen.

Bezüglich des „Woher und Wie" diese Parasiten in den Körper gelangen, haben die von Koch weiter angestellten Untersuchungen ergeben, dass der Tuberkelpilz zu seiner Entwickelung einer constanten Temperatur von $+30-41^0$ C. bedarf und dass sein Wachsthum ein ausserordentlich langsames ist. Da nun in unserem gemässigten Klima ausserhalb des thierischen Körpers für eine mindestens 2 Wochen (soviel braucht der Pilz zu seiner Vermehrung) anhaltende, gleichmässige Temperatur von über $+30^0$ C. keine Gelegenheit vorhanden sei, so gehe daraus hervor, dass der Tuberkelpilz sich auch nur innerhalb des Thierkörpers entwickeln könne. Er sei daher ein echter Parasit, der alle seine Entwicklungsphasen im Thierkörper durchmache, nicht wie der Milzbrandpilz sich auch ausserhalb desselben im Boden durch Dauersporen fortzupflanzen vermöge.

Da nun die bei Weitem meisten Fälle von Tuberculose ihren Anfang in den Respirationsorganen nehmen, so liege die Wahrscheinlichkeit vor, dass die Tuberkelbacillen wohl auch meist mit der Athmungsluft, an Staubpartikelchen haftend, eingeathmet würden. Ihr Ursprung liege sehr nahe. Bei den Unmassen von Tuberkelbacillen, welche im Caverneninhalt von Phthisikern vorhanden wären, könne kein Zweifel darüber obwalten, dass solche — wie er durch seine Untersuchungen in der That auch nachgewiesen — mit dem Sputum ausgeworfen würden und mit diesem eintrockneten. Wie lange solches eingetrocknetes Sputum aber infectiös bleibe, gehe daraus hervor, dass durch Einimpfung von acht Wochen lang trocken aufbewahrtem, phthisischem Sputum Meerschweinchen ebenso sicher tuberculös gemacht worden seien, als durch Infection mit frischem Material. Demnach lasse sich wohl annehmen, dass auch das am Boden, Kleidern u. s. w. eingetrocknete phthisische Sputum längere Zeit seine Wirksamkeit bewahre, und wenn es zerstäubt z. B. in die Lunge gelange, daselbst Tuberculose erzeugen könne.

Die Infection des Organismus mit Tuberkelbacillen sei allerdings nicht, wie beispielsweise bei dem schnell wachsenden Milzbrandbacillus, von jeder kleinen Verletzung aus möglich. Die sehr langsame Entwicklung des Bacillus der Tuberculose erfordere, dass derselbe, um festen Fuss zu fassen, längere Zeit in geschützter Lage verbleibe. Andererseits werde er wieder eliminirt, ehe er sich einnisten könne. Leichte, oberflächliche Hautwunden genügten — analog Bollinger[35]) (Bd. VI, S. 13), entgegen zwei älteren von Hofmann[122]) und Frenzel[48]) (S. 94) mitgetheilten Fällen, entgegen ferner Zürn[64]) und Toussaint's Resultaten bei Pockenimpfung (vergl. S. 23 d. Bd.) — nach Koch's Versuchen nicht zur Infection, der Infectionsstoff müsse in das subcutane Gewebe, in die Bauchhöhle, in die vordere Augenkammer u. s. w. gebracht werden. Aehnlich werde es sich glücklicherweise auch in den Lungen verhalten. Auch hier würde stagnirendes Secret, Verlust der schützenden Epitheldecke u. s. w. vorausgehen müssen, ehe die Infection möglich sei. Nur hierdurch werde es verständlich, dass die Tuberculose, mit welcher in dicht bevölkerten Orten doch jeder Mensch mehr oder weniger in Berührung gelange, nicht noch häufiger vorkomme, als dies wirklich der Fall wäre.

Die erfolgreiche Bekämpfung der Tuberculose sei nur durch Verstopfung der Quelle des Infectionsstoffes möglich. Da der Pilz sich aber nur innerhalb des kranken Organismus vermehre, so sei dieser als Quelle des Ansteckungsstoffes zu betrachten. Von diesem Standpunkte aus wären zwei Dinge als Ursache der menschlichen Tuberculose ins Auge zu fassen. Einmal das Sputum kranker Menschen und die damit beschmutzten Gegenstände, Kleider etc. Eine zweite Quelle sei ganz unzweifelhaft die Tuberculose der Hausthiere, in erster Linie die Perlsucht. Diese wäre aber eine mit der menschlichen Tuberculose identische Krankheit, folglich auf diesen übertragbar. Der Genuss von Fleisch und Milch perlsüchtiger Thiere sei eine Infectionsgefahr für den Menschen, die, sei sie so gross oder so klein, wie sie wolle, vermieden werden müsse. Wäre es auch hinlänglich bekannt, dass milzbrandiges Fleisch von vielen Personen und oft lange Zeit hindurch ohne Nachtheil genossen werde, so würde doch deswegen Niemand den Verkehr mit solchem Fleische gestatten.

Pflug, der, wie schon S. 37 vorl. Schrift erwähnt, den Tuberkel weder für eine histologisch noch ätiologisch einheitliche Neubildung hält, glaubt auf Grund dieser Anschauung die von Koch entdeckten Tuberkelbacillen nicht für die einzige und specifische Ursache der Tuberculose ansehen zu können. Er sagt: „Denn selbst der jüngsthin von Koch und dann noch von anderen (Baumgarten) gemachte Befund von Bacillen in den menschlichen Tuberkeln und in der Perlsucht des Rindes beweist wohl nur, dass für gewöhnlich die Koch-schen Bacillen die menschlichen Tuberkeln und die Perlsucht des Rindviehes veranlassen. Dass diese Bacillen die alleinige Ursache der Tuberculosis seien, hat selbst Koch nicht gesagt; dass sie dieselbe aber wirklich nicht sind, dass ersehen wir zunächst schon aus dem vorliegenden (Lungenactinomykose betreffenden) Fall."

Im Grossen und Ganzen würde übrigens durch diese Pflug'sche Auffassung die Tuberculose von ihrer Bedeutung als Infectionskrankheit nichts verlieren.

VIERTER ABSCHNITT.
Die ätiologischen Beziehungen der menschlichen und thierischen Tuberculose zu einander.

Mit dem von Koch gelieferten, unzweifelhaft sicheren Nachweis der Identität und Virulenz sämmtlicher bei Thieren und

Menschen vorkommenden tuberculösen Processe, welcher gewissermaassen als die Probe auf die Richtigkeit der zahlreichen Uebertragungsversuche und histologischen Studien bezeichnet werden kann, wurde selbstverständlich aber auch die seit Villemin's Entdeckung unausgesetzt ventilirte Frage wieder mächtiger denn je in den Vordergrund gedrängt:

Ist die Tuberculose durch den Genuss von Fleisch und Milch tuberculöser Thiere von Thier zu Thier, vor Allem aber auf den Menschen übertragbar?

Der Erste, welcher mit voller Entschiedenheit diese Frage bejahte, war Gerlach. Schon auf Grund seiner ersten, in Hannover angestellten Fütterungsversuche wollte er das Fleisch tuberculöser Rinder vom menschlichen Genuss ausgeschlossen haben, „wie dies ehedem geschehen sei." Ebenso hielt er schon damals die Verwendung der Milch solcher Thiere für bedenklich.

Im Jahre 1875 forderte Gerlach[30]) (Bd. I, S. 541), nachdem von ihm die Identität der menschlichen und thierischen Tuberculose begründet worden war, geradezu: „Wir haben demnach ein Recht und zugleich auch die Pflicht, die Resultate der Fütterungsversuche mit Thieren auf den Menschen anzuwenden; dieselben führen uns auf das Gebiet der Aetiologie der Tuberculose des Menschen und eröffnen uns eine neue Quelle dieser mit Recht so gefürchteten Krankheit in den thierischen Nahrungsmitteln."

Gerlach, und dieser Annahme sind auch Zürn[64]), Semmer (l. c.) und Toussaint[7]) (1881, Tom. 93, No. 5 und [79]) 1881, No. 8) beigetreten, hält das Fleisch tuberculöser Thiere für unbedingt infectiös, wenn auch im geringeren Grade, als die eigentlichen Tuberkelmassen. Dass Tuberkeln aber im interstitiellen Bindegewebe des Fleisches vorkommen, sei durch die Untersuchungen von Schütz[33]) unzweifelhaft nachgewiesen und wurde überdies auch von Leisering[59]) (1862/63, S. 103) constatirt (vergl. auch Zusammenstellung über das Vorkommen der Tuberkeln in den einzelnen Organen und Geweben der Rinder[90]) Bd. XXI, S. 351*)). Die Menge des Virus im Fleische werde von dem Grade der Localisation abhängen. Das Kochen des Fleisches zerstöre übrigens zwar das Virus, indess dringe die Siedehitze so langsam in die Tiefe grösserer Fleischstücke und

---

*) Auch Verf. wird anderen Ortes über einen exquisiten Fall von Miliartuberculose der Musculatur bei einem Rind berichten.

Knoten ein, dass nach $^1/_4 — ^1/_2$ stündigem Kochen die Möglichkeit einer Infection noch vorhanden sei.

Dieser Ueberzeugung entsprechend schliesst er [30]) (Bd. I, S. 41) das Fleisch von tuberculösen Thieren überhaupt und besonders von perlsüchtigem Rindvieh unter gewissen, später noch specieller zu besprechenden Voraussetzungen von der Verwendung zur menschlichen Nahrung aus.

Ganz ähnlich stellen sich zu dieser Frage alle anderen Forscher, welche sich mit der Fütterungstuberculose eingehender beschäftigt haben.

Klebs (l. c.) stimmt bezüglich der Infectionsfähigkeit der Tuberculose durch Fleischgenuss Gerlach vollständig bei. Ganz besonders betont er aber die Infectiosität der Milch tuberculöser Kühe, deren verschiedene Intensität wahrscheinlich von dem Grade der Erkrankung der betreffenden Stücke abhänge. Das Virus solle nach ihm im Milchserum, wie er Anfangs meinte (s. S. 79), in gelöster Form, vorhanden und durch die gewöhnliche Art des Kochens nicht zerstörbar sein.

Ganz den Gerlach'schen Lehren schlossen sich weiter Flemming [71]) (September 1880), Rivolta und Perroncito [63]) Bd. 31. Analect. S. 43) an, während Bollinger [65]) (Bd. I, S. 356, [123]), [85]) und [90]) 1880, No. 1 und [35]) Bd. I, S. 111, 243 und ibid. Bd. VI, S. 13 etc.) zwar die Infectiosität der Tuberculose anerkannte, die des Menschen und des Rindes aber (ähnlich Semmer) nicht für identische, sondern nur homologe Processe hielt. Die Möglichkeit einer tuberculösen Infection durch Fütterung (wobei der Darm der Pflanzenfresser eine weit bessere Resorptionsfläche darzustellen scheine, als Haut und Unterhautbindegewebe derselben) dürfe aber kaum mehr bezweifelt werden. Indess hielt Bollinger [109]) (1880, S. 409) die Gefahr der Uebertragung durch Milch für grösser, als die durch Fleisch, da erstere meist roh oder wenig gekocht längere Zeit vom Säugling ausschliesslich genossen werde. Die Receptivität des Säuglings für Schädlichkeiten in der Nahrung übertreffe jedenfalls die des erwachsenen Menschen. Ja er ging so weit, die „sehr gegründete" Vermuthung auszusprechen, dass der Begriff „Heredität" vielleicht theilweise auf Milchinfection bei Säuglingen zurückzuführen sei. Bollinger legte zugleich ein besonderes Gewicht auf die generelle Disposition des Menschen. Er glaubte die omnivoren Menschen in Betreff der Infectionsfähigkeit den Carnivoren gleichstellen zu müssen; eine Annahme, zu welcher nach Klebs [65])

(Bd. III, S. 443) eine Berechtigung deshalb nicht vorliege, weil das Menschengeschlecht ja gerade mit dieser Krankheit gesegnet sei. Auch muss hiergegen der Umstand geltend gemacht werden, dass ja gerade das Schwein, welches wie der Mensch omnivor ist, ausserordentlich leicht mit Tuberkelvirus inficirt werden kann. Uebrigens weist Bollinger auch selbst auf den Umstand hin, dass einerseits die Tuberculose eine ausserordentlich häufige Todesursache des Menschen bilde (in München im Jahre 1866 bis 30,25 Proc., nach Koch [l. c.] sterben $1/7$ aller Menschen an Tuberculose), dass andererseits aber auch nur wenige Menschen vorhanden sein möchten, welche bei der Verbreitung der Tuberculose unter den Rindern nicht schon Fleisch oder Milch perlsüchtiger Rinder genossen hätten, also einer Infection ausgesetzt gewesen wären.

In seiner letzten Publication scheint er indess auf Grund der von Adam und Göring über die Häufigkeit der Tuberculose unter den Rindern in Bayern angestellten Ermittlungen die Infectionsgefahr für den Menschen weniger hoch anzuschlagen. Einstweilen müsse allerdings die Möglichkeit einer Infection durch Milch im Auge behalten werden, namentlich werde es Aufgabe der experimentellen Forschung sein, zu ermitteln, welche Form der Rindstuberculose eine infectiöse Milch liefere. Da nach Adam's und Göring's Zusammenstellung die Wahrscheinlichkeit, dass ein Rind tuberculös sei, mit dem höheren Alter zunehme, so erscheine es vor allem gerathen, die Milch älterer Kühe (über 6 Jahr) vom Genusse auszuschliessen.

Nach Göring[35]) (Bd. IV, S. 281 und Bd. VI, S. 136) waren im Königreich Bayern tuberculös:

1877 von 4976 geschlachteten Rindern 1,31 Proc. unter einem, 10,81 Proc. von 1—3, 37,80 Proc. von 3—6, 50,07 Proc. über 6 Jahre alt.

1878 von 5042 geschlachteten Rindern 1,28 Proc. unter einem, 11,12 Proc. von 1—3, 34,31 Proc. von 3—6, 46,80 Proc. über 6 Jahre alt.

Zu gleichen Resultaten gelangte Adam, so dass man Bollinger wohl beipflichten kann, wenn er sagt: „Je älter das Rind, desto grösser die Wahrscheinlichkeit, dass es tuberculös ist."

Klinische Fälle von Infection durch Milch sollen nach Bollinger noch wenig bekannt sein. Er gedenkt nur der im Jahre 1846 von Klenke, ferner eines von Zippelius[90]) (Bd. XX, S. 205) berichteten, wonach Dr. Stang in Amorbach die Tuberculose bei einem 5jährigen, nicht hereditär belasteten Knaben entstehen sah, welcher längere Zeit die Milch einer hochgradig perlsüchtigen Kuh erhalten und kuhwarm genossen hatte.

So selten wie Bollinger derartige Beobachtungen hinstellt, sind sie in der That aber doch nicht. So werden noch gleiche und ähnliche mitgetheilt von Demme [125]), Uffelmann [126]), Ebstein [128]), Hergard [129]), Felizet [50]) (V. Ser. Tom. V. Vol. XLV. S. 48).*) Nicht unbeachtet darf ferner der bisher in der ärztlichen Literatur so wenig beachtete Versuch eines statistischen Vergleiches zwischen dem Vorkommen der Tuberculose bei Kindern und Rindern von Zippelius bleiben, welchen derselbe 1876 [90]) (Bd. XX, S. 225) auf Grund eines 5jährigen Durchschnittes der amtlichen Ausweise seines Amtsbezirkes veröffentlichte. Aus demselben scheint hervorzugehen, dass die Sterblichkeit der Kinder unter 2 Jahren in solchen Orten am grössten war, wo nach Ausweis der Fleischschauregister die meisten tuberculösen Rinder vorkamen.

Auch Orth [67]) (Bd. 76, S. 242) hält die Uebertragbarkeit der Rindertuberculose auf den Menschen durch Fleisch und Milch für nicht unwahrscheinlich. Cohnheim [116]) und Aufrecht [77]) (1882, S. 291) erklären die Milch tuberculöser Thiere für eine Ursache der Phthisis meseraica, der primären Darm- und acuten Miliartuberculose der Kinder. Semmer [67]) (Bd. 83, S. 555) steht auf dem Standpunkt Bollinger's. Wenn auch der Mensch wenig Neigung zur Erkrankung an Tuberculose durch den Genuss der Milch und des Fleisches perlsüchtiger Rinder zu besitzen scheine, weil bei der Häufigkeit des Genusses beider die Tuberculose

---

*) Auch Verf. kann einen solchen Fall berichten. 1880 wurden ihm durch den Rittergutsbesitzer v. S. die Brust- und Baucheingeweide einer hochgradig tuberculösen Kuh zugesendet und zugleich bemerkt, dass dieselbe bis vor wenigen Wochen das schönste und wohlgenährteste Stück im Stalle gewesen wäre, dann aber rapid abgemagert sei. Ihres früheren vorzüglichen Gesundheitszustandes halber hätte der Inspector des Gutes gerade die Milch dieser Kuh zur Ernährung eines ihm geborenen Knaben verwendet.

Ich hielt mich verpflichtet, dem Hausarzt genannten Vaters von dem Sectionsbefund der bew. Kuh durch einen Collegen Mittheilung machen und mich zugleich nach dem Gesundheitszustande des Kindes erkundigen zu lassen. Der Bericht lautete wenig günstig. Angeblich in Folge der Masern und eines Lungenkatarrhs sollte das Kind im Ernährungszustand sehr zurückgekommen sein. Vor Kurzem erhielt ich die Nachricht, dass solches, 2½ Jahre alt, an Miliartuberculose des Gehirns gestorben wäre. Die anderen Kinder der nach keiner Richtung erblich belasteten Eltern sollen ganz gesund sein.

weit häufiger bei ihm vorkommen müsse, so sei doch die Möglichkeit einer solchen Infection nicht einfach zu negiren. Die gelungenen Uebertragungen auf Hunde, die ebenso wenig empfänglich schienen, bewiesen genügend die Möglichkeit einer solchen.

Selbst Virchow musste auf Grund der unter seiner Mitwirkung seit dem Jahre 1876 an der Thierarzneischule zu Berlin vorgenommenen Versuche wenigstens so viel zugeben, dass man nach den Fütterungen mit Fleisch perlsüchtiger Rinder eine grössere Anzahl kranker Thiere gehabt habe, als wenn man die gewöhnlichen Erfahrungen und Befunde bei den Controlthieren berücksichtigt hätte. Ebenso seien die durch Fütterung mit Milch gewonnenen Erfahrungen nicht im Stande, die Milch perlsüchtiger Kühe zu „exculpiren". Wenn er auch nicht in der Lage wäre, auf Grund der gewonnenen Erfahrungen ein allgemeines Verbot des Fleisches perlsüchtiger Thiere gerechtfertigt zu finden, weil das eigentliche Fleisch, die eigentliche Muskelsubstanz durchaus frei von Perlknoten zu sein pflege (vergl. S. 54), so scheine es ihm doch motivirt, den Genuss des Fleisches von solchen Theilen zu verbieten, an denen sich perlsüchtige Neubildungen vorfänden.

Toussaint[7]) (1881. Tom. 93. No. 5, p. 281 und [70]) 1881. No. 8) glaubt, dass die Ansteckung mit Tuberculose vom Darm aus leichter, wie von der Haut erfolge. Auf Grund seiner Experimente hält er es für gefährlich, heruntergekommenen Kranken und Kindern rohes Fleisch und den Saft wenig erhitzter Muskeln zu verordnen.

Wenn es mit Zugrundelegung aller dieser Aussprüche und im Zusammenhang mit den oben (S. 29 u. folgd.) geschilderten Fütterungsversuchen auch zweifellos erscheinen dürfte, dass die Tuberculose durch die Verdauungswege übertragbar ist, und bei der Identität der thierischen und menschlichen Tuberculose gefolgert werden muss, dass die erstere durch den Genuss von Fleisch und Milch tuberculöser Thiere auf den Menschen übertragen werden kann, so hat sich andererseits gegen die Gerlach'schen Forderungen (S. 64) doch eine lebhafte Opposition geltend gemacht.

Das meiste Aufsehen erregte seiner Zeit der bekannte und vielbesprochene Beschluss des deutschen Veterinärrathes [130]). Derselbe erklärte in seiner zweiten Versammlung im Jahre 1875 mit 22 gegen 6 Stimmen: „Insbesondere sind dieselben (d. h. die vorliegenden Erfahrungen) nicht ausreichend, die Annahme einer Ansteckungsgefahr für Menschen. und aus diesem Grunde den Erlass eines Verbotes des Verkaufes von Fleisch und Milch der betreffenden Thiere zu rechtfertigen."

Die Motive dieses Beschlusses sind in einem von Lustig verfassten Gutachten [131]) niedergelegt, das allerdings den von Gerlach und anderen Experimentatoren bis dahin angestellten Fütterungsversuchen mit positiven Erfolgen nahezu jede Bedeutung abspricht, andere wenige, negativ ausgefallene Versuche aber zu ganz entschieden widersprechenden Erfolgen aufbauscht. Während z. B. die von Colin [80]) (1875, p. 22) bei nur 2 Kälbern, 2 Lämmern, 4 Schweinen, mehreren Hunden und Kaninchen, einigen Meerschweinchen, 1 Ente und 2 Tauben mit allerlei tuberculösem Material unternommenen Versuche in den Vordergrund gestellt wurden, fanden die oben citirten, so überaus glänzenden, viel älteren Fütterungsversuche seines Landsmannes Chauveau mit keinem Worte Erwähnung.

Weiter ist der Gerlach'schen Forderung entgegen gehalten worden, dass alle vorliegenden Versuche doch zunächst nur die Uebertragungsfähigkeit der Tuberculose von Thier auf Thier und von Mensch auf Thier bewiesen hätten. Besonders führt Göring in seinen amtlichen Zusammenstellungen über das Vorkommen der Tuberculose in Bayern [35]) (Bd. IV, S. 289 und Bd. VI, S. 142) zahlreiche Mittheilungen an, nach welchen ganz im Gegentheil zu den Gerlach'schen Annahmen Milch und Fleisch tuberculöser Kühe jahrelang fast ausschliesslich von Menschen ohne Nachtheil genossen worden sein soll.

Bolliuger (l. c.) hat daher allen Ernstes zur endlichen Lösung dieser Frage den Vorschlag gemacht, dieselbe experimentell durch Versuche an zum Tode verurtheilten Verbrechern zur endgültigen Entscheidung zu bringen. Semmer [94]) (1878) dagegen empfahl dieselben an Affen anzustellen, aber nicht an solchen, die hier gehalten würden, da dieselben mehr oder weniger mit der Tuberculose behaftet seien, sondern in ihrer tropischen Heimath.

Diesem letzteren Vorschlag entsprechen zum Theil die von Krishaber und Dieulafoy [5]) (1881, Nr. 34), welche 16 Affen zu Impfversuchen mit tuberculösen Substanzen, 34 dergleichen dagegen als Controlthiere benutzten. Von ersteren starben circa 90 Proc. unter analogen Veränderungen wie beim Menschen. Auch von den nicht geimpften Controlaffen gingen einzelne an Tuberculose ein, jedoch viermal so wenig, wie von den geimpften.

Wägt man alle diese für und wider angeführten Thatsachen sorgfältig gegen einander ab, berücksichtigt man hierbei noch die nach Koch's Arbeiten ganz unzweifelhaft bewiesene Unität und Virulenz sämmtlicher tuberculösen Processe, so wird man zu folgender Ueberzeugung gedrängt:

Die Möglichkeit einer Uebertragung der Tuberculose durch den Genuss von Fleisch und Milch damit behafteter Thiere auf den Menschen darf nicht länger bezweifelt werden. Der stricte Beweis hierfür kann nur auf einem der oben angedeuteten Wege, am sichersten durch directe Infectionsversuche erbracht werden. So lange das nicht geschehen, oder so lange umgekehrt nicht die volle Unschädlichkeit des Fleisches von tuberculösen Rindern, resp. Thieren im Allgemeinen, für die menschliche Gesundheit positiv erwiesen ist, sind wir bei der unberechenbaren Tragweite, welche die ganze Frage für die öffentliche Gesundheitspflege besitzt, nicht nur berechtigt, sondern sogar verpflichtet, auf Grund der bei den Thierversuchen gewonnenen Resultate und des vorliegenden klinischen Materials die vor Allem von Gerlach, Chauveau, Klebs und Toussaint behauptete Uebertragbarkeit der Tuberculose durch Fleisch und Milchgenuss auf den Menschen als thatsächlich vorhanden anzunehmen.

Wie gross diese Gefahr und unter welchen Umständen sie besonders vorhanden ist, das sind noch offene, durch fortgesetzte Untersuchungen zu lösende Fragen.

Ebenso offen bleibt noch die Frage, durch welche Mittel das Virus zerstört und unschädlich gemacht werden kann.

Was man in dieser Beziehung über die Wirkung der üblichen Zubereitungsmethoden der animalischen Nahrungsmittel weiss, ist im Grunde noch wenig und zum Theil Widersprechendes. Durch die Versuche von Gerlach, der Dresdner und Hannover'schen Thierarzneischule (vergl. Fütterungsversuche S. 29 d. Bd.) wissen wir, dass die Siedehitze das Tuberkelgift zwar zerstören kann, aber selbst ein $^{1}/_{2}$ stündiges Kochen noch nicht immer genügt, dicke Knoten und Fleischstücke unschädlich zu machen. Nach Aufrecht[124]) zerstört das Kochen das Virus und damit sicher die Infectiosität der Milch, während nach Toussaint[71]) (Tom. 93, No. 5, p. 281 und [79]) 1881, No. 8) der Saft wenig erhitzter Muskeln (10 Minuten langes Erhitzen des ausgepressten Saftes einer tuberculösen Rindslunge — Saft aus wie Beefsteaks gebratenen Muskelstücken) die Tuberculose noch zu erzeugen vermag. Langeron[93]) (Tome XVII, p. 149) erwähnt ferner, dass vorherige, mehrstündige Einwirkung von salpetersaurem Wasser auf die tuberculösen Massen die Virulenz derselben nicht aufzuheben vermocht habe; nach Baumgarten[31]) (1880, S. 714) kann hingegen schon eine kurz andauernde Behandlung des Impfstoffes mit 2—3 proc. Carbolsäurelösung die Contagiosität desselben zerstören.

Hinsichtlich der Einwirkung der Verdauungssäfte auf das Virus fehlen alle experimentellen Untersuchungen. Die Secrete des Magens und der vorderen Darmabtheilungen scheinen demselben im Allgemeinen feindlich gegenüber zu stehen, da bei secundärer Tuberculose des Verdauungsapparates nach primärer der Respirationsorgane, immer nur die hintere Darmabtheilung, der Magen dagegen fast nie tuberculös erkrankt ist. Auch das Fleisch milzbrand- und tollwuthkranker Thiere wirkt vom Magen aus — um auf analoge Verhältnisse zurückzugreifen — ersteres höchst selten, leltzteres niemals nachtheilig auf die menschliche Gesundheit.

Es würde durch weitere experimentelle Untersuchungen noch zu ermitteln sein, ob sich die Widerstandsfähigkeit der Tuberkelbacillen und die der Dauersporen derselben gegen die Secrete des Magens und Darmes gleich verhält, oder ob hier ähnliche Verhältnisse wie beim Milzbrand Platz greifen (vergl. Koch, Ueber die Milzbrandimpfung. 1882. S. 25).

Da zur Zeit indess noch sichere experimentelle Unterlagen über alle diese Verhältnisse fehlen, so thut man wohl, die Frage der Tenacität des tuberculösen Virus noch nicht als abgeschlossen zu betrachten. Ihre endgültige Lösung im Reichsgesundheitsamt dürfte baldigst zu erwarten sein.

ZWEITE ABTHEILUNG.

Welche Consequenzen ergeben sich für Medicinal- und Veterinärpolizei aus der bewiesenen Infectiosität und Identität sämmtlicher, bei Menschen und Thieren vorkommender tuberculöser Processe?

ERSTER ABSCHNITT.
Welche Aufgaben fallen bei der bewiesenen Möglichkeit der Uebertragung der Tuberculose durch Genuss von Fleisch und Milch tuberculöser Thiere, besonders des Rindes und Schweines, der Medicinalpolizei zu?

Im Hinblick auf die bewiesene Möglichkeit der Uebertragung der Tuberculose durch den Genuss von Fleisch und Milch tuberculöser Thiere auf den Menschen, hat Gerlach die Aufgabe der Medicinalpolizei klar ausgesprochen: Sie hat den Genuss von Fleisch tuberculöser Thiere, insbesondere perlsüchtiger Rinder (unter den S. 64 noch näher bezeichneten Bedingungen) ebenso zu verbieten, wie den Genuss der Milch solcher Thiere.

Die Berechtigung dieser Forderung wird erst in der allerneuesten Zeit mehr und mehr zugestanden. Die Scheu vor den einschneidenden Folgen derselben scheint die Ursache zu sein, dass man, und wohl mit Recht, gang ausserordentlich vorsichtig und bedächtig bei ihrer Prüfung zu Wege geht.*) Praktisch ist an

---

*) Dieselben sind auch in dem bekannten Obergutachten der königl. Thierarzneischuldirection zu Berlin, welches dieselbe i. J. 1878 in einer anhängigen Processsache abzugeben hatte [30]) (Bd. IV, S. 466) sehr richtig betont worden:

„Es ist noch nicht erwiesen, dass das Fleisch einer mit der allgemeinen Tuberculose (Franzosenkrankheit, Perlsucht) behafteten, sonst aber sehr

die Entscheidung der Frage im vollen Gerlach'schen Sinne bis heute noch Niemand herangetreten, im vollen Umfange sind seine kategorischen Forderungen noch nirgends zur Ausführung gelangt.

Ja man kann der Medicinalpolizei vielleicht sogar den Vorwurf nicht ersparen, trotz der Wichtigkeit des Gegenstandes bis jetzt bei den Regierungen ausser einer in viel zu geringem Umfange unternommenen Reihe von Fütterungsversuchen nichts der Tragweite der Frage Entsprechendes beantragt zu haben. Besonders liegt die Statistik sehr im Argen. Eine Ausnahme hiervon macht Bayern. Hier hat die königl. bayer. **Regierung von Schwaben und Neuburg**[90]) (Bd. XXI, No. 2 u. Bd. XXIV, No. 13) — auf die Initiative des thierärztlichen Vereines zu München hin — alle Bezirks- und städtischen Thierärzte des Regierungsbezirkes durch Verordnungen vom Jahre 1877 und 1880 veranlasst, unter Mitwirkung der Distrikts- und praktischen Thierärzte alle vorkommenden Fälle der Tuberculose beim Rind zu sammeln und ihnen die Mittheilung der weiteren Beobachtungen über die Schädlichkeit oder Unschädlichkeit des Genusses von Fleisch und Milch tuberculöser Thiere zur Pflicht gemacht. Um namentlich über letzteren Punkt Gewissheit zu erlangen, wurden die Bezirksthierärzte ferner angewiesen, halbjährig den Bezirksärzten ihres Bezirks ein Verzeichniss derjenigen Bewohner des Amtsbezirkes einzureichen, aus deren Stallungen nachweisslich diejenigen Kühe stammen, welche bei der Fleischbeschau oder in den Wasenmeistereien tuberculös befunden würden.

Es steht zu hoffen, dass diese Anordnung brauchbare Unterlagen für weitere Entschliessungen liefern, und dass seitens der übrigen deutschen Regierungen in gleicher Weise vorgegangen werden wird.

Die Stellung, welche die Medicinalpolizei vorläufig dem Genuss von Fleisch tuberculöser Rinder, resp. des unserer schlachtbaren Hausthiere im Allgemeinen gegenüber einzunehmen hat, ist folgende:

fetten und wohlgenährten Kuh nicht geeignet ist, Menschen als Nahrung zu dienen."

„Andererseits ist jedoch auch die Behauptung mehrerer Experimentatoren, dass bei der Franzosenkrankheit, namentlich in Fällen grösserer Verbreitung der Krankheit im Körper, das Fleisch eine specifische Schädlichkeit enthalte und deshalb von der Verwerthung zur menschlichen Nahrung auszuschliessen sei, durch die bisherigen wissenschaftlichen Forschungen noch nicht widerlegt."

Das Fleisch tuberculöser Thiere muss vor der Hand in die Klasse der gesundheitsschädlichen Nahrungsmittel verwiesen werden. Die stricte Durchführung dieser Forderung würde aber zu schwer schädigenden Consequenzen führen. Die Erfahrung lehrt, dass ein Rind z. B. an Tuberculose verschiedener Organe leiden und trotzdem im Uebrigen gesund, sehr gut genährt, ja Schlachtwaare I. Qualität sein kann, ein Fall, der besonders häufig bei der Tuberculose der serösen Häute (sog. fette Franzosen) vorkommt. Wird die Costalpleura mit den oft massenhaft darauf sitzenden Knoten abgeschält und die Lunge mit den auf ihrem serösen Ueberzuge sitzenden tuberculösen Neubildungen und den tuberculösen Bronchialdrüsen entfernt, so kann das ausgeschlachtete Rind im Uebrigen von ganz tadelloser Beschaffenheit erscheinen.

Soll auch solches Fleisch rücksichtslos verworfen werden? Ist anzunehmen, dass auch in dieses bereits der Infectionsstoff eingedrungen ist? Wo liegt nach solchen Erfahrungen die Grenze zwischen dem noch geniessbaren und dem als ungeniessbar zu verwerfenden Fleische?

Die Beantwortung dieser Frage ist ausserordentlich schwierig und in verschiedener Weise versucht worden. Für Semmer[67]) (Bd. 83, S. 556) gibt es nur ein „entweder — oder." „Entweder die Perlsucht und Tuberculose ist für den Menschen unschädlich und dann gestatte man Alles, oder sie ist schädlich, und dann verbiete man alles Perlsüchtige und Tuberculöse.

Nicht ganz soweit geht Gerlach, aber doch weit genug, um eine Entscheidung in seinem Sinne als eine für die Landwirthschaft und Viehzucht tief einschneidende erscheinen zu lassen.

Nach ihm muss schon der Anfang der Abzehrung, d. h. der Rückgang der Ernährung ohne diätetische Ursache als Symptom davon betrachtet werden, dass die Tuberculose allgemein — constitutionell, oder wie wir jetzt sagen, generell — geworden ist. Da man die Abzehrung aber erst zu erkennen vermöge, wenn solche einen gewissen Grad erreicht habe, so könne das Fleisch schon schädlich sein, wenn sich die Thiere noch nicht in einem abgemagerten Ernährungszustand befänden. Für Gerlach ist das Fleisch tuberculöser Rinder und anderer Thiere als schädlich zu betrachten:

1. „Wenn die Lymphdrüsen im Bereich der tuberculös erkrankten Organe ebenfalls tuberculös und so der Ausgang einer

immer weiteren Infection geworden sind. Die erste Verbreitung erfolgt in den Lymphbahnen; so lange also die nächsten Lymphdrüsen noch nicht inficirt und tuberculös degenerirt sind, so lange hat auch noch keine Verbreitung stattgefunden. Bei Miterkrankung verschiedener Lymphdrüsen ist das ganze Lymphgefässsystem verdächtig;

2. wenn schon käsiger Zerfall stattgefunden hat, wenn namentlich schon käsige Herde in den Lungen liegen. Je mehr käsige Tuberkelherde, desto schädlicher scheint das Fleisch zu sein;

3. wenn schon eine weitere Verbreitung der Tuberkeln im Körper stattgefunden hat und

4. wenn bereits Abzehrung eingetreten ist.

Eines von diesen Merkmalen im ausgebildeten Grade genügt, das Fleisch von tuberculösen Thieren für ungeniessbar zu erklären."

Nicht mit Unrecht ist Gerlach der Vorwurf gemacht worden, dass auch seine Forderung über das Maass des unbedingt Nothwendigen hinausgehe. Würden durch dieselbe ja oft die bestgenährten Rinder dem Fleischmarkt entzogen. In Wahrheit liegt glücklicher Weise aber die Sache etwas günstiger, als sie von Gerlach und verschiedenen anderen Forschern aufgefasst und hingestellt worden ist.

Es steht fest, dass die Tuberculose eine Infectionskrankheit ist, hervorgerufen durch ein Virus, das überall, wo es mit den Geweben in Berührung kommt, Tuberkelbildung erzeugt. Cohnheim hat gezeigt (vergl. S. 46) in welcher Weise sich das Tuberkelvirus von den Eingangspforten des Organismus aus auf den natürlichen Strassen des letzteren theils per contiguitatem, theils auf der inneren Oberfläche von Schleimhautkanälen mit dem Circulationsstrom deren Inhaltes, theils durch Lymphspalten und Lymphgefässe oder vom Darme aus durch die Pfortaderwurzeln weiter verbreitet. Seine und Anderer Untersuchungen haben weiter gelehrt, dass das Tuberkelgift von einem primär oder secundär erkrankten Organe aus in den Blutstrom gelangen, und mit diesem überall hin verschleppt, in mehr oder weniger acuter oder chronisch verlaufender Form eine generalisirte (metastatische) Tuberculose erzeugen kann. Wenn solches verhältnissmässig selten geschieht, so soll dies nach Cohnheim[116]) seinen Grund darin haben, dass die Menge des jeweilig circulirenden Virus nicht immer gross genug hierzu ist.

Auf Grund der Koch'schen Untersuchungen würde jetzt noch hinzuzufügen sein: Kleine Mengen werden eben (wie dies auch Versuche mit anderen Bacterienformen gezeigt haben) viel eher durch die Nieren etc. wieder aus dem Blute und dem Organismus überhaupt ausgeschieden, ehe sie sich bei ihrer ausserordentlich langsamen Entwicklung vermehren und einnisten können. Hingegen kann und wird eine Generalisirung der Tuberculose, eventuell eine sog. allgemeine Miliartuberculose eintreten, wenn eine rasche Ueberschwemmung des Blutstromes mit grösseren Mengen von Virus erfolgt. Dass der Duct. thoracicus und die Lungenvenen die hauptsächlichsten Einbruchstellen für letzteres sein sollen, wurde schon oben erwähnt.

Von mehreren Seiten, so noch neuerdings wieder von Fehleisen [133]) (Bd. XIV, S. 585 und Bd. XV, S. 184), ist noch darauf aufmerksam gemacht worden, dass eine solche Allgemeininfection um so leichter erfolge, je mehr die tuberculösen Massen verkäst und erweicht seien. Dagegen würde sie um so schwerer eintreten können, je mehr der Tuberkel den fibrösen Charakter angenommen, je rascher er verkalkt, je fester, dichter und fibrillärer das Stroma sei, in welchem er z. B. an den serösen Häuten des Rindes eingebettet zu sein pflege. Es sind dies selbstverständliche, durch klinische Beobachtungen hinlänglich bestätigte, für die concrete Frage aber höchst wichtige Punkte.

Aus alledem geht also hervor, dass man von einer Infection des Blutes mit tuberculösem Virus nur dann erst sprechen kann, wenn sich die Tuberculose generalisirt hat, d. h. wenn ausser den primär oder secundär erkrankten Organen noch andere, mit diesen nicht in directem Zusammenhange stehende ebenfalls erkranken, solche Organe sich tuberculös zeigen, welche von ersteren aus nur auf dem Wege des allgemeinen Blutstromes zu erreichen sind (Weigert[67]) Bd. 88, S. 311).

Wie liegen nun alle diese Verhältnisse beim Muskel, dem Fleisch des Consums? Auf welche Weise kann dieses inficirt werden? Die Anatomie ertheilt die Antwort: Nur durch das Blut. Weder die Lymphbahnen der Brust-, Bauch- oder Beckeneingeweide, noch die der serösen Häute der Bauch- und Brusthöhle verlaufen in den grösseren Muskelmassen und können somit denselben keinen Infectionsstoff zuführen. Sind ihre Wurzelgebiete aber tuberculös, und daher zu präsumiren, dass sie infectiöse Lymphe führen, so würden sie sammt den eingeschalteten, dann stets tuberculös degenerirten Lymphdrüsen leicht zu entfernen sein. Höchstens könnten hiervon die kleinen, von den Lymphwurzeln in der Pleura gespeisten Lymphdrüsen eine Ausnahme machen, welche zwischen den beiden Lagen der Intercostalmuskeln eingebettet sind. Diese könnte man in praxi nicht entfernen und würde somit die Intercostalmuskeln ihrer infectiösen Einlagerungen halber ebenfalls als infectiös betrachten und dem Consum entziehen müssen. Die dicken, fettreichen Fleischmassen, welche von aussen die Brustwand bedecken, werden von dem in der Richtung des Lymphstromes fortgeführten Virus indess nicht inficirt.

Der Kernpunkt der Frage: Von welchem Zeitpunkt ab ist das Fleisch tuberculöser Thiere als inficirt und daher infectiös zu betrachten, liegt also nicht, wie Gerlach will, schon in der Erkrankung der Lymphdrüsen der benachbarten Organe, sondern lediglich in dem Nachweis der generalisirten Tuberculose. Dieser erst bildet den positiven Beweis dafür, dass Virus in den grossen Kreislauf gelangt ist und das Fleisch inficirt hat. Erst von diesem Zeitpunkt ab sind wir daher berechtigt und verpflichtet, das betreffende Schlachtstück unbedingt vom Consum auszuschliessen.

Falsch ist hingegen, die vielfach betonte Abmagerung als nothwendiges Kriterium der erfolgten Infection des Fleisches zu betonen. Diese ist lediglich als Folge der durch die tuberculöse, destruirende Erkrankung innerer, lebenswichtiger Organe bedingte Functionsstörung der letzteren anzusehen. So wissen wir, dass Thiere mit Lungen-, Leber- und Darmtuberculose rasch abmagern, ohne dass es zu einer allgemeinen, generalisirten Tuberculose zu kommen braucht, wenn auch diese häufig genug den Schlussact des ganzen Processes bildet. Im Gegentheil aber können Rinder mit hochgradiger Tuberculose der Pleura und des Peritoneum jahrelang wohlgenährt, selbst mastfähig bleiben, so lange nicht Lunge, Leber oder Nieren direct oder auf metastatischem Wege erkranken. Dass solches Fleisch in Folge eintretender Ernährungsstörungen an Nährwerth und gutem, normalen Ansehen verlieren, bei eintretender Kachexie sogar ekelhaft und vollständig ungeeignet für den menschlichen Genuss werden kann, liegt auf der Hand. Als Träger des tuberculösen Virus, als infectiös darf es sicher aber so lange nicht betrachtet werden, als nicht aus den an gegebenen Gründen eine Allgemeininfection des Körpers anzunehmen ist.

Es erscheint nach diesen durch die Erfahrung allseitig bestätigten Thatsachen, dass tuberculöse Rinder sich in einem ausgezeichneten Ernährungszustand befinden können, schwer verständlich, weshalb Lothar Meyer [127]) fette Schweine, bei denen die Verhältnisse genau so liegen, wie beim Rind, von vornherein als tuberkelfrei ansehen will.

Diese Fundamentalsätze müssen die Basis einer event. wegen Tuberculose einzurichtenden Fleischbeschau bilden, wie sie auch bei der Beurtheilung der Fütterungsversuche die allergrösste Beachtung verdienen. Die mit Fleisch ausgeführten mussten weniger positive Resultate geben, als die mit tuberculösen Knoten und Lymphdrüsen angestellten. Eine Generalisirung der Tuberculose tritt eben nicht immer, verhältnissmässig sogar seltener ein, selbst in hochgradigen Fällen localer Tuberculose und weit vorgeschrittener Abmagerung kann sie fehlen und die Musculatur vom Virus frei bleiben. **Fehlt die Generalisation, d. h. tritt kein Virus in den Blutstrom ein, so kann auch das Fleisch keinen solchen enthalten.**

Selbst aber gesetzt den Fall, es sei trotz fehlender generalisirter oder metastatischer Tuberculose doch Virus in den Blutstrom gelangt, so muss man logischer Weise auch annehmen, dass seine Menge zu gering war, um in specifischer Weise schädlich zu wirken. War diese Menge aber im eigenen Körper zu gering, um schädlich zu wirken, so ist zu präsumiren, dass sie auch beim Genuss des Fleisches solcher Thiere, also im fremden Organismus, ohne Nachtheil bleiben wird. Die noch weiter abschwächende oder vernichtende Wirkung, welche zweifelsohne die üblichen Zubereitungsmethoden und besonders die Verdauungssäfte auf das Virus ausüben, werden hierbei noch weiter zu berücksichtigen sein.

Jedenfalls bleibt ferner zu bedenken, dass auch der Zustand des Darmes bei der Infectionsfrage in Betracht kommt. Koch hat gezeigt, dass sich der Tuberkelpilz schwer einnistet, dass z. B. die gesunde Bronchialschleimhaut keinen geeigneten Boden für sein Eindringen und für seine Weiterentwicklung bieten wird. Das Gleiche muss man auch für den Darm annehmen. Das normale Epithel desselben bietet gewiss einen eben solchen Schutz gegen die Infection, Erkrankungen und Verlust desselben (z. B. schon durch einfache Darmkatarrhe) begünstigt letztere. Von diesem Gesichtspunkt verdient die schon erwähnte, von Toussaint aufgestellte Behauptung, es sei gefährlich, rohes

Fleisch und den Saft wenig erhitzter Muskeln herabgekommenen Kranken und Kindern zu verordnen, die allergrösste Beachtung.

Diese bisher nicht gehörig gewürdigten Verhältnisse erklären auch, weshalb Gerlach schon das Fleisch von nicht abgezehrten Rindern infectiös gefunden haben will. Sie erklären ferner die von den Gegnern der Infectiosität mit Vorliebe angeführten Fälle, dass ganze Familien jahrelang fast ausschliesslich von dem Fleische tuberculöser Rinder ohne Nachtheil geniessen sollen.

Auch auf einen anderen Punkt muss bei dieser Gelegenheit hingewiesen werden. Es ist oft entgegengehalten worden, das Fleisch tuberculöser Thiere sei überhaupt unschädlich, nur die Lymphdrüsen und die tuberculösen Producte enthielten das Virus. Diese Theile geniesse aber der Mensch nicht, und deshalb sei der ganze Streit um die Infectiosität des Fleisches gegenstandslos. Theoretisch mag dies richtig sein, praktisch liegen aber die Verhältnisse, namentlich bei den Wurstfleischern, doch anders. Diese verwenden Alles, nichts wird weggeworfen; was nicht als Fleisch verkauft und genossen werden kann, wird zur Wurstbereitung verwendet. Hierher gehören auch die Lymphdrüsen. Die kranke Lunge, das kranke Brust- oder Bauchfell wird zwar entfernt, die bereits erkrankten Lymphdrüsen wandern aber sicher in die Wurst und werden zwar nicht als Fleisch, aber als Wurst vom Menschen genossen. Wie wenig Garantie die übliche Wurstfabrication, resp. das ungenügende Kochen der Wurst bieten wird, das lehren genugsam die trotz desselben möglichen Infectionen mit thierischen Parasiten. S. auch Zündel: Nature Parasitaire de la Tuberculose. Veröffentl. d. Gesellsch. f. Wiss. u. Ackerb. im N.-Elsass. 3. Mai. 1882.

Für die Praxis der Fleischbeschau werden sich also die seitens der Medicinalpolizei aufzustellenden Directiven bezüglich des mit tuberculösen Schlachtstücken inne zu haltenden Verfahrens kurz in folgenden Sätzen zusammenfassen lassen: So lange bei tuberculösen Schlachtstücken, gleichviel welcher Thiergattung, metastatische resp. generalisirte Tuberculose nicht vorhanden, eine Infection des Fleisches somit nicht anzunehmen ist, sind nur die tuberculösen Organe, sowie die von diesen nach dem Ductus thoracicus hinführenden Lymphgefässe incl. der eingeschalteten Lymphdrüsen zu beseitigen. Der Einfachheit und Sicherheit wegen wird dies in Verbindung mit den anliegenden Gefässen und den einhüllenden Bindegewebsmassen zu erfolgen haben. Das Fleisch hingegen ist, gleichviel in welchem Ernährungszustande, als unschädlich oder höchstens als minderwerthig zu bezeichnen, falls nicht andere Gründe seine Vertilgung erfordern.

Sprechen aber die oben angeführten Erscheinungen für eine bereits erfolgte Infection des Blutes, so ist das betreffende Schlachtstück, gleichviel in welchem Ernährungszustand sich dasselbe sonst befindet, vom menschlichen Genuss auszuschliessen. — Dass eine derartige Handhabung der Fleischbeschau öffentliche Schlachthäuser und eingeschultes Personal von wissenschaftlich gebildeten Thierärzten erfordert, bedarf keiner weiteren Auseinandersetzung.

Lothar Meyer [127] (l. c.) will tuberculöse Thiere niemals confiscirt wissen. Da er die Siedehitze für genügend hält, das tuberculöse Virus zu zerstören, so hat nach seiner Ansicht die Sanitätspolizei nur dafür Sorge zu tragen, dass Fleisch und Milch perlsüchtiger Thiere „vor" dem Genuss sorgfältig gekocht werden. Zu diesem Zwecke ist Fleisch und Milch perlsüchtiger Thiere Armenanstalten, sowie Volksküchen zu übergeben!!

Auch die Milch tuberculöser Thiere ist nach unzweifelhaften klinischen und experimentellen Beobachtungen als infectiös zu betrachten. Vor Allem hat die Medicinalpolizei die schrankenlose Verwendung derselben zur Ernährung von Säuglingen zu verbieten. Die Milch solcher Thiere, welche gleichzeitig an Tuberculose des Euters leiden, ist von jeder Verwendung auszuschliessen.

Dieser berechtigten Forderung stellen sich allerdings einige Bedenken entgegen. Schon die Diagnose der Tuberculose im Allgemeinen hat intra vitam bei Thieren ihre grossen Schwierigkeiten. Beim Rind, das hier zunächst in Betracht kommt, sind sie, namentlich in dem Anfangsstadium der Krankheit sehr bedeutende.

Auscultation und Percussion bieten selbst bei hochgradigen Erkrankungen keine sicheren Anhaltepunkte. Ziemlich erhebliche Tuberkelmassen auf der Pleura können bei der grossen Resonanzfähigkeit des Brustkastens und der Lunge des Rindes dem physikalischen Nachweis entgehen. Für die Pleuratuberculose kann nur das sog. Perlenreihen oder Perlenschaben als charakteristisch angenommen werden. Es tritt aber bekanntlich erst dann ein, wenn die Tuberkeln auf Costal- oder Pulmonalpleura verkalkt und dadurch auf ihrer Oberfläche mehr oder weniger rauh geworden sind (Vogel [90] Bd. XVII, S. 73 u. [134])). Von Roloff [52] (Bd. XV, S. 113) wurden die unter den Namen Stiersucht u. s. w. bekannten Anomalien des Geschlechtstriebes, die seltene Conception, der häufige Abortus und die diesem ohne äussere Veranlassung folgende auffallend rasche Abmagerung, als eines der ersten und sichersten Symptome der Perlsucht bezeichnet. Diese Anomalien machen sich indess nur bemerkbar, wenn die Tuberkelablagerungen vorzugsweise im Peritonealsack besonders in der Umgebung oder im Parenchym der Ovarien, oder aber in der Uterusschleimhaut selbst, erfolgt sind. Im letzteren Falle stellt sich zugleich ein **schleimiger, eitriger Ausfluss aus der Vagina** ein. Vom Spinola[25]) (S. 1707) ist noch als ein weiteres erstes verdachterregendes Symptom die **Anschwellung der Leistendrüsen** genannt worden. Andere, z. B. Anacker[135]), betrachten überhaupt **alle fühlbaren, knotigen Lymphdrüsenanschwellungen**, besonders die der oberen und unteren **Halslymphdrüsen**, als sehr verdächtige Erscheinungen. Zuweilen gelingt es wohl auch grössere tuberculöse Knoten in der Brust- und Bauchhöhle zwischen den ersten Rippen, resp. durch die Bauchdecken hindurch zu fühlen. Da letzteres nicht immer möglich ist, wurde von Rauch[53]) (Bd. 39, S. 356) die Vaginotomie vorgeschlagen und ausgeführt. Einige Schriftsteller endlich, z. B. Rychner[22]) (S. 560), Hering[24]) (S. 139), Seer[136]) (S. 623) u. A. haben auf die bei tuberculösen Rindern ungewöhnlich häufig vorkommenden **Warzenbildungen an der Haut** aufmerksam gemacht, während Foglar[114]) (1879. S. 138) **sich häufig wiederholende, ohne äussere veranlassende Ursache eintretende Durchfälle** als ein nicht zu unterschätzendes Symptom hervorhebt. Aehnlich Zippelius[90]) (Bd. IXX, S. 3). Auch **knotige, harte Anschwellungen des Euters**, sowie eine bei jungen Stieren sich plötzlich ohne äussere Ursache einstellende **Orchitis** machen die betreffenden Rinder der Tuberculose verdächtig.

Bezüglich der Tuberculose des Euters würde ausser auf diese harten, knotigen, schmerzlosen Verdichtungen noch nebenbei auf die schon erwähnten Anomalien in der Geschlechtssphäre, die Lymphdrüsenanschwellungen, den Husten und die rasch eintretende Abmagerung bei sonst guter Pflege der diagnostische Schwerpunkt zu legen sein.

Zippelius[90]) (Bd. XX, S. 204) lenkt die Aufmerksamkeit besonders auf jene subacut verlaufende, auf einen oder zwei Striche beschränkt bleibende Form der Mastitis, die wenig schmerzhaft sei, eine geringe Geschwulst bilde und die Milchsecretion kaum beschränke. Neben der von Lehmann[115]) gefundenen Verminderung des Caseïns würde nach demselben Forscher der mikroskopische Nachweis von Eiterkörperchen in der Milch ein diagnostisches Hülfsmittel bieten.

In wie weit in der Milch sowie im Nasen- und Scheidenausfluss tuberculöser Kühe mittelst der von Koch u. A. beschriebenen Färbungsmethoden etwa Tuberkelbacillen nachzuweisen sein werden, und diese Methode für die Praxis zu verwerthen sein wird, muss durch weitere Untersuchungen noch festgestellt werden. Das Gleiche gilt von intraoculären Impfungen mit Milch verdächtiger Kühe.

Die medicinalpolizeiliche Controle der in neuester Zeit in grosser Zahl errichteten sog. Milchcuranstalten und sonstigen Verkaufsstellen für Kindermilch ist vom Standpunkte der Infectionslehre aus als ein **dringendes Bedürfniss** zu bezeichnen.

ZWEITER ABSCHNITT.
Welche Aufgaben fallen bei der bewiesenen Infectiosität der Tuberculose der Veterinärpolizei zu?

Die Aufgaben der Veterinärpolizei sind nach dieser Richtung doppelte:

1. *Sie hat die Medicinalpolizei in der Durchführung der im vorigen Abschnitt bezeichneten, allerdings schwer zur allseitigen Zufriedenheit zu regelnden Maassnahmen zu unterstützen.* Ohne Mithülfe eines geschulten, wissenschaftlich gebildeten Personales dürfte dieselbe aber unmöglich sein.

2. *Es fällt ihr die Pflicht zu, der Landwirthschaft in der Bekämpfung und Ausrottung der Tuberculose mit Rath und That beizustehen.* Indem die Veterinärpolizei zur Tuberculose der Hausthiere entschiedener Stellung nimmt, als bisher, wird nicht nur eine Quelle der menschlichen Tuberculose verstopft, sondern auch einer nicht zu verkennenden Schädigung unserer Viehzucht, resp. unseres Nationalvermögens wirksam entgegengetreten.

Wie die Tuberculose beim Menschen, so gehört auch die bei unseren schlachtbaren Hausthieren — Schaf und Ziege und einzelne Gegenden ausgenommen — zu den am häufigsten vorkommenden Krankheiten. Die Schuld hieran trägt, wie Gerlach schon lange betonte, die Landwirthschaft selbst. Seit die Tuberculose vor nunmehr 100 Jahren von dem ihr anhaftenden Odium der Syphilis befreit und die gegen den Fleischgenuss damit behafteter Rinder bestehenden polizeilichen Maassregeln aufgehoben wurden, verlor sie nicht nur jede medicinal-polizeiliche, sondern auch ihre Bedeutung für den Landwirth und Viehzüchter. Derselbe verkannte die Gefahren, welche in ihrem Ueberhandnehmen für Nationalwohlstand und Volksgesundheit lagen. Seine Sorgfalt in der Fernhaltung derselben vom eigenen Viehstand wurde geringer, er achtete weniger ängstlich wie früher auf die Auswahl der Zuchtthiere, und die Verbreitung der Tuberculose in seinem Stalle machte ihm wenig Sorge, da der eigene Beutel dabei zunächst wenig alterirt wurde. Es wehrte ihm ja bis heute Niemand, die Milch seiner tuberculösen Kühe (**selbst mit Preisaufschlag als Kindermilch!!**) zu verkaufen.

Das Fleisch derselben wurde ja anstandslos gekauft und genossen, und Niemand hinderte ihn, selbst hochgradig tuberculöse Thiere an eine gewisse Kategorie von Fleischern zu verwerthen, deren Schlachtwaare unter dem Schutze der vielgepriesenen Gewerbefreiheit, bei dem beklagenswerthen Mangel eines Schlachtzwanges in öffentlichen Schlachthäusern und dem einer obligatorischen Fleischbeschau sich jeder Controle entzieht.

Sehr treffend sagt Gerlach[33]) (S. 52): „Das häufige Vorkommen und fortwährende Umsichgreifen der Tuberculose in einzelnen Ställen und in ganzen Bezirken hat keinen anderen Grund, als die Vererbung und Inficirung. Ursachen einer anderweitigen Entstehung kennen wir nicht, unter allen Umständen ist eine andere Entstehung eine grosse Seltenheit, die bedeutungslos bleibt, wenn bei der Züchtung solchen exceptionellen Fällen die gebührende Rechnung getragen wird. Ebenso gut wie einzelne Ställe und ganze Bezirke frei bleiben, ebenso gut kann auch das Vieh in anderen Ställen, Orten und Bezirken, die zwischen jenen liegen, von der Perlsucht befreit werden, wenn man gesunde Stämme einführt und unter sich fortzüchtet. Die Schuld der so häufigen Perlsucht tragen die Viehzüchter selbst."

In sehr drastischer Weise drückt sich von Lengercke[93]) (Bd. XII. S. 115) bei Besprechung desselben Gegenstandes aus: „Die Tuberculose entsteht beim Rindvieh in erster Reihe durch die angeerbte Disposition, in zweiter durch die Habsucht der Viehzüchter." Nach Besprechung obiger Missstände fährt er dann fort: „Die Strafe dafür heisst — Tuberculose. Die Habsucht der Menschen gräbt hier das Grab, denn die Natur lässt sich nich spotten."

Die Angaben über die Häufigeit der Tuberculose sind allerdings etwas verschieden. Nach Göring[35]) (Bd. IV, VI) belief sich die Zahl der tuberculösen Thiere in Bayern im Jahre 1877 auf 1,62, im Jahre 1878 auf 1,61⁰/₀₀, welche sich der Mehrheit nach auf Oberbayern, die Pfalz und Schwaben vertheilen. — Nach Adam[90]) befanden sich von den im Schlachthause zu Augsburg geschlachteten Rindern tuberculös: In den Jahren 1871—1874 (4 jähr. Durchschnitt): 1,5 Proc., 1876: 1,84 Proc., 1877: 2,16 Proc., 1878: 2,31 Proc., 1879: 2,92 Proc., 1880: 2,24 Proc., 1881: 2,01 Proc. — Günther und Harms[61]) (Bd. IV, S. 81) schlagen die Zahl der tuberculösen Kühe in Hannover und dessen Umgegend sogar nur auf ¹/₃ Proc. an, Fischbach[46]) (1880, S. 13) beziffert sie im Untertaunuskreise nur auf 2,5—3 Proc., Jarmer[46]) (Bd. II, S. 98) für die im Schlachthause zu Liegnitz geschlachteten Rinder auf 2 Proc., Trapp (vergl. Zündel l. c. S. 69) fand i. J. 1880 im Schlachthause zu Strassburg

2,20 Proc., Mandel in dem zu Mülhausen i./E. 3,41 Proc., Zippelius[90] (Bd. XX, S. 190) für die Bezirke Hassfurt, Gerolshofen, Obernburg auf 6,36 Proc. aller Erkrankungsfälle der erwachsenen Rinder. Diesen gegenüber stehen die Angaben von Zürn[64] (S. 7), der für die Umgegend von Jena und für den angrenzenden altenburgischen Amtsbezirk Eisenberg 17—20 Proc., von Wolf[53] (Bd. XXII, S. 252), welcher für die Gegend von Grünberg 15—20 Proc. annimmt, von Schanz[52] (Bd. VIII, S. 182), welcher die Hälfte des ganzen Viehstandes von Hohenzollern-Sigmaringen, und von Albrecht[130] (S. 53), der die Tuberculose des Rindes für eine in Pommern, vor allem aber in dem Regierungsbezirk Bromberg, sehr verbreitete Krankheit und 50 bis 60 Proc. des ganzen Viehstandes des Netzbezirkes für tuberculös hält. Auch Ulrich[52] (Bd. VII) spricht von der Franzosenkrankheit als einer im Regierungsbezirk Liegnitz sehr häufig beim Rind vorkommenden Krankheit, welche nach Jarmer[46] (Bd. II, S. 99) im schlesischen Kreise Löwenberg unter den holländer Kühen zur stationären geworden sein soll. Besonders gravirende Schilderung entwirft Haarstick für die Landdrostei Hildesheim und Vollers für Norderdithmarschen; letzterer erklärt geradezu, im genannten Kreise habe die Tuberculose eine so bedeutende Verbreitung gewonnen, dass an derselben mehr Thiere zu Grunde gingen, als an allen anderen Krankheiten zusammen (ibidem). Aehnlich sollen nach Semmer[62] (Bd. XL, S. 16) die Verhältnisse in Livland liegen.

Durch diese Angaben scheint allerdings die schon vielseitig ausgesprochene Annahme, dass die Tuberculose des Rindes (man kann auch hinzufügen des Schweines) im Norden ungleich häufiger vorkommt, als in den südlichen Theilen Deutschlands, gerechtfertigt. Auf die angeführten niederen, aus Schlachthäusern stammenden Zahlen, darf hierbei indess nicht zu viel Gewicht gelegt werden, da — wie schon von verschiedenen Seiten vollkommen richtig betont worden ist — die abgemagerten, schon kachektischen Stücke von dem Besitzer selbst oder von gewissen „dunkeln Existenzen" geschlachtet werden, also gar nicht in die städtischen Schlachthäuser kommen. Und gerade die Zahl solcher Thiere ist eine ziemlich erhebliche (vergl. auch Zürn).

Bezüglich der Geschlechtsverhältnisse der tuberculösen Rinder scheint es, wenn man nur die geschlachteten Thiere in Anschlag bringt, als ob die weiblichen häufiger befallen würden, als die männlichen. Nach Göring (l. c.) waren
1877 von 4976 tubercul. Rindern 869 männl. u. 4107 weibl. Geschl.
1878 - 4760   -   997   -   = 3763   -   =

Adam (l. c.) rechnet für sämmtliche im Schlachthof zu Augsburg getödteten Rinder
    1875   0,4 Proc. männliche und 0,9 Proc. weibliche
    1876   0,5   =   1,2
    1877   0,70 -   =   - 4,75   =
    1878   1,19   =   5,84
    1879   1,28   =   - 8,22 =
    1880   1,24   =   4,32
    1881   1,09   -   3,36   -

tuberculöse Schlachtthiere heraus. Wie er schon selbst betont, ist aber hierbei auf den Umstand Rücksicht zu nehmen, dass die meisten Tuberculose-Erkrankungen über das 6. Jahr hinaus vorkommen, ein Alter, das meist nur Kühe erreichen, während männliche Rinder schon vor diesem Alter der Schlachtbank verfallen. Ein richtigeres Urtheil über die Betheiligung der Geschlechter wird gewonnen, wenn man die Gesammtviehzahl der Rechnung zu Grunde legt. Darnach kommen in Bayern nach Göring (l. c.) im Jahre 1877 auf 1000 Rinder des Gesammtviehbestandes überhaupt 5,84 Stiere, 1,39 Ochsen, 2,50 Kühe, 0,35 Jungrinder und 0,09 Kälber. Zippelius[90] (Bd. XX, S. 191) fand 2,20 Proc. der in seinem Bezirk vorhandenen Farren, und nur 0,9 Proc. der lebenden Kühe tuberculös.

Ueber die Häufigkeit des Auftretens der Tuberculose bei den einzelnen Rindviehraçen fehlen vorläufig noch genaue Unterlagen. Im Allgemeinen ist man geneigt den Niederungsschlägen eine grössere Disposition zur Erkrankung an Tuberculose zuzuschreiben, besonders steht die holländer Raçe in diesem Verdacht. Nach Göring[35] (Bd. IV) scheint dem allgäuer Vieh eine grössere Disposition inne zu wohnen, als den übrigen bayerischen Landschlägen.

Was die Ausbreitung des tuberculösen Processes im Organismus selbst anbelangt, so stellt sich das Verhältniss nach Göring (l. c.) in Bayern, wie folgt:

Es litten von den geschlachteten Rindern
a) an Lungentuberculose und Tuberculose der serösen Häute (Perlsucht) . . . . 1877 41 Proc., 1878 47,2 Proc.
b) Lungentuberculose allein . . . - 33 - 33,9
c) Perlsucht allein . . . . . . = 17 = - 15,2
d) Tuberculose anderer Organe . . - 8 3,5 -

Nach Adam's Zusammenstellungen vertheilte sich die Tuberculose ihrem Sitze nach so, dass

1874	1876	1877	1878	1879	1880	1881
von 11331	von 13241	von 12799	von 10965	von 10988	von 11688	von 12269
84	135	149	109	129	112	68
31	81	92	117	149	105	144
16	22	33	28	43	46	37

Rindviehstücken, welche im Schlachthaus zu Augsburg geschlachtet wurden, an Tuberculose der Lungen und serösen Häute, nur an Lungentuberculose, und nur an Tuberculose der serösen Häute gelitten hatten. In einzelnen Fällen fand sich nur eine Tuberculose der Leber, in anderen Fällen war neben Perlsucht und Lungentuberculose noch eine Tuberculose des Uterus, der Ovarien, der Nieren etc. zugegen.

Ueber den Einfluss der Tuberculose auf die Qualität des Fleisches im Allgemeinen liegen folgende ziffernmässige Nachweise vor:

Jahr	Nach Göring in ganz Bayern geschlachtet					Nach Adam im Schlachthause zu Augsburg geschlachtet				
	Zahl der tuberculösen Rinder	Qualität d. Fleisches in Proc.				Zahl der tuberculösen Rinder	Qualität des Fleisches in Proc.			
		I	II	III	0		I	II	III	0
1876	—	—	—	—	—	243	11,7	17,6	61,7	8,6
1877	4278	10	45	45	—	277	6,1	23,8	61,7	8,3
1878	4538	8	44	47	81	256	10,5	23,4	59,7	5,8
1879	—	—	—	—	—	321	8,0	16,5	70,7	4,6
1880	—	—	—	—	—	262	11,1	15,6	67,1	6,1
1881	—	—	—	—	—	246	8,9	11,8	72,3	7,3
						6jähr. Durchschnitt bei 1605 Stück	9,38	18,11	65,53	5,95

Diese Verhältnisse müssen und werden sich sofort ändern, wenn seitens der Medicinalpolizei der Tuberculose des Rindes und der übrigen Schlachtthiere als einer Quelle der menschlichen Tuberculose wiederum eine grössere Beachtung gewidmet, wenn der schrankenlosen Verwerthung der Milch tuberculöser Kühe zur Kinderernährung und der rücksichtslosen Verwerthung des Fleisches solcher Thiere zum Genuss ein Damm entgegengesetzt wird.

Es wird dann, wie schon bemerkt, eine der Aufgaben der Veterinärpolizei sein, die Tuberculose unserer Hausthiere theils durch Verordnungen, theils durch Belehrung der Viehzüchter zu bekämpfen. Besonderes Gewicht wird hierbei auf die verschiedenen möglichen Infectionswege und die zu deren Verlegung nöthigen Maassnahmen zu legen sein.

Erstes Kapitel.
Mögliche Infectionswege.
a) Die intrauterine Infection.

Die Tuberculose kann ererbt oder angeboren sein, d. h. sie kann durch den Zeugungsact auf das Ei übertragen, oder der gesund angelegte Embryo kann von der kranken Mutter inficirt werden.

Wenn auch für die menschliche Tuberculose die intrauterine Infection noch vielfach geleugnet oder mindestens sehr in Zweifel gestellt wird, so kann dieselbe doch für die Tuberculose des Rindes, und ganz bestimmt auch die des Schweines, als sichere und ziemlich häufige Ursache angenommen werden. Wiederholt ist schon beobachtet worden, dass neugeborene oder im Alter von 3—6 Wochen geschlachtete, vor Allem aber, dass noch ungeborene oder abortirte Föten bereits mit Tuberculose behaftet waren.

Beispiele hierfür berichten Chauveau[80]) (1873, p. 929), König und Eberhardt[53]) (Bd. 19 und 39), Adam und Ott[90]) (Bd. I, S. 53, Bd. XX, S. 38, Bd. XXI, S. 61, Bd. XXII, S. 41 und 265 und Bd. XXV, S. 107), Müller[62]) (1880, S. 64), Kreutzer[54]) (S. 624), Köhler und Hetjemeier[63]) (1846, S. 197 und 1857, S. 151), Esser, Kühnert, Hagen, Ulrich, Schanz[52]) (Bd. VIII, S. 152 und Bd. XV, S. 81), Rychner und Im Thurm[50]), Scholz, Röttiger, Kolb, Fischbach[46]) (Bd. II, S. 101, 103 und Bd. VI, 13), Sommer[62]) (Bd. XL, S. 10) und Andere. Göring[35]) (Bd. IV, S. 289) bemerkt hierzu noch, dass in nahezu sämmtlichen Berichten der bayerischen Bezirksthierärzte vom Jahre 1877 die Heredität der Rindstuberculose als ganz bestimmte Thatsache angeführt worden sei. In 123 Fällen habe man dieselbe speciell auf die Mutter, in 43 Fällen auf den Vater zurückgeführt. Jedenfalls seien die 12 Proc. sämmtlicher Tuberculosenfälle bei Thieren bis zum 3. Lebensjahre sämmtlich hier einzureihen. Im Jahre 1878 hätten dieselben Berichterstatter 23 Fälle der Vererbung von mütterlicher Seite mitgetheilt. Aehnliche Mittheilungen (vergl. besonders die eclatanten Fälle von Zippelius[85]) (Bd. XX, S. 198), welche namentlich auch die Vererbung durch tuberculöse Zuchtbullen wahrscheinlich machen, finden sich wiederholt in der thierärztlichen Literatur. Gerade ihr wird von vielen Autoren die rasch zunehmende Verbreitung der Tuberculose unter der Nachzucht zugeschrieben. Gerlach[33]) (S. 52) hält die Vererbungsfähigkeit der ersteren für so eminent, dass einzelne tuberculöse Individuen in einem Hornviehbestand genügten, die Krankheit durch fortgesetzte Inzucht nach mehreren Generationen unter der ganzen Heerde zu verbreiten, eine Annahme, welcher sich Verfasser auf Grund seiner zahlreichen Beobachtungen im vollen Umfange anschliessen muss.

Für Schweine gelten ganz dieselben Gesichtspunkte.

b) Die extrauterine Infection.

Es ist die Möglichkeit vorhanden, dass das geborene Thier, z. B. Kalb, inficirt wird. Hierbei ist Bedacht zu nehmen

α) *auf die Thatsache, dass die Tuberculose durch die Verdauungswege, namentlich durch Genuss von Milch und Fleisch tuberculöser Thiere übertragen werden kann.*

Es steht fest, dass Kälber durch die Milch tuberculöser Mütter inficirt werden können. Das in der Milch tuberculöser, namentlich mit Eutertuberculose behafteter Kühe enthaltene Virus wird mit dieser aufgenommen. Der anatomische Befund, der Infectionsgang im Organismus, die angestellten Fütterungsversuche (vergl. S. 29) und eine Menge gut beobachteter klinischer Fälle sprechen zweifellos hierfür.

Gerlach[33]) (S. 52) erklärte die Infection der Kälber durch solche Milch nächst der Vererbung geradezu für das zweitwichtigste ätiologische Moment. Von den schon citirten Fällen ist besonders instructiv der von Zippelius mitgetheilte, dem sich noch eine eben solche experimentelle Beobachtung von Aufrecht anreiht. Ersterer fand bei einem an Diarrhoe eingegangenen Kalbe, das von einer wegen hochgradiger Tuberculose geschlachteten Kuh abstammte, gürtelförmige, tuberculöse Darmgeschwüre und Tuberculose der Darmserosa. Letzterer[77]) (1882, S. 291) fand eine ausgebreitete Miliartuberculose der Leber bei einem 37 Tage alt gewordenen Kaninchen, dessen Mutter einen Tag nach seiner Geburt durch subcutane Impfung mit einer Spritze voll perlsüchtigen Massen tuberculös gemacht worden war. Ebenso führt noch Vollers[46]) (Bd. II, S. 101) an, dass Kälber, welche nachweislich von nicht tuberculösen Eltern stammen, vielfach mit Tuberculose inficirt würden, wenn sie die Milch tuberculöser Kühe erhielten.

Uebrigens kann durch dergleichen Milch die Tuberculose auch auf Schweine übertragen werden, die gerade in Norddeutschland, wo solche, wie schon bemerkt, am häufigsten unter den Kühen vorkommt, in ziemlicher Ausbreitung auftritt. Es liegen Beobachtungen vor, dass ganze Schweinefamilien und Zuchten durch den Genuss von Molkerei- und Käsereiabfällen, welche von tuberculösen Rindern abstammen, nach und nach an der gleichen Krankheit zu Grunde gingen. Vielfach fällt das Auftreten der Tuberculose unter den Schweinen mit dem unter den Kühen derselben Wirthschaft zusammen.

Aber auch das Fleisch tuberculöser Thiere kann, wie ausführlich erörtert, die Ursache zur Ausbreitung der Tuberculose werden. Hier kommen fast nur die Schweine in Betracht. An Perlsucht verendete, oder beim Schlachten als gänzlich unbrauchbar für den menschlichen Genuss erklärte Rinder werden von dem sparsamen Landwirth hier und da noch als billiges Mastfutter für Schweine verwendet. Wie leicht hierdurch die Tuberculose der Kühe auf diese übertragen werden kann, lehren die gelungenen Fütterungsversuchen mit perlsüchtigen Massen.

In wie weit expectorirte, schleimig-eitrige Massen (Sputum), welche Tröge und Wände und das Futter besudeln und beim Husten oft weit fortgeschleudert werden, die Infection auf dem

Wege der Verdauung dadurch vermitteln können, dass nebenstehende Kühe sie ablecken oder das im Troge der kranken Kühe liegen gebliebene Futter fressen (vergl. S. 80), bleibt weiter zu untersuchen. Die zahlreichen vorliegenden, scheinbar dafür sprechenden Beobachtungen lassen sich ebenso gut auf eine Infection von den Athmungswegen aus zurückführen.

β) *Auf die extrauterine Infection gesund geborener Thiere durch die Athmungsluft, durch Cohabitation, d. h. durch das Zusammenleben kranker und gesunder Thiere in einem Stalle.*

Schon die von Tappeiner etc. angestellten Inhalationsversuche (vergl. S. 29) hatten die Möglichkeit der Uebertragung der Tuberculose durch die Athmungsluft bewiesen. Durch Cohnheim's Nachweis des Infectionsganges (vergl. S. 46) war diese Art der Infection anatomisch klar gelegt, durch Koch's Versuche mit menschlichem Sputum (vergl. S. 52) aber so zweifellos geworden, dass die beim Menschen vorliegenden, zahlreichen klinischen Erfahrungen hierdurch ihre volle wissenschaftliche Bestätigung erhielten.

Vergl. die Mittheilungen von Villemin, Berthet, Paider, Galliga[137]), Catton[138]), Windrif[95]) (1867, No. 4), Weber[139]), Boas und Rhoden[140]), Klein[141]), Reich[31]) (1878, S. 24 und 37), Drysdale[71]) (1868, Februar) etc. Die Mittheilung von Reich verdient speciellere Erwähnung. In Neuenburg, einem Ort von 1300 Einwohnern starben vom 11. Juli 1875 bis 29. September 1876 zehn von einer phthisischen Hebamme entbundene Kinder an Meningitis tuberculosa, welche in der Zeit vom 4. April 1875 bis 10. Mai 1876, d. h. ein Jahr vor dem Tode der Hebamme geboren worden waren. Keins derselben war mit erblicher Anlage belastet. Von den von der anderen Hebamme des Ortes entbundenen Kindern litt keines an tuberculösen Krankheiten. Die erstgenannte hatte die Gewohnheit gehabt, neugeborenen Kindern den Schleim zu aspiriren, resp. bei leichten Graden von Asphyxie Luft einzublasen. Ref. fügt noch hinzu, dass in Neuenburg die tuberculöse Meningitis niemals endemisch vorgekommen sei. In neun Jahren seien von circa 92 im Jahre geborenen Kindern nur 2 daran erkrankt. — Ebenfalls auf Ansteckung durch die Athmungsluft, d. h. auf Einathmen zerstäubter Sputa zurückzuführen ist der neuerdings von Krüche[143]) beobachtete Fall, in dem der Sohn einer durchaus gesunden Familie und selbst gesund und von robustem Körperbau einige Wochen nach einem Erholungsaufenthalte in einem Luftcurorte an Miliartuberculose erkrankte. Als einzige Ursache der letzteren konnte nur der Umstand ermittelt werden, dass in dem Zimmer, welches er dort benutzt hatte, kurz vorher ein Patient mit Tuberculose im Stadium der eitrigen Schmelzung logirt und dasselbe Bett benutzt hatte. — Vergl. auch Baumgarten und Hirsch, Sitzg. d. V. f. wissensch. Heilk. in Königsberg. [31]) (1882. S. 689.

Ungeachtet der von Haubner[56]) (1880, S. 204) u. Anacker[135]) (S. 325) noch in den letzten Jahren erhobenen Zweifel bricht sich für die Tuberculose des Rindes mehr und mehr die Ueberzeugung Bahn, dass auch diese durch Cohabitation weiter verbreitet werden könne, dass sie also nicht nur eine erbliche, sondern auch eine direct ansteckende Krankheit sei. Experimentelle Untersuchungen hierüber sind allerdings so gut wie nicht vorhanden.

Günther und Harms[61]) (1871, S. 97) hingen fünf Kaninchen in einem Käfig dergestalt vor dem Kopfe einer tuberculösen Kuh auf, dass diese die Exspirationsluft derselben einathmen mussten. Der Erfolg war negativ.

Andererseits berichtet Gibaux[7]) (1882, p. 1391) folgenden Versuch mit positivem Erfolge. In hölzernen Kästen von 4½ □M. brachte er je zwei gesunde Kaninchen unter, welche von einem Wurfe und von einer Mutter stammten, die bei der Section ganz gesund befunden wurde. In den einen dieser Kästen liess man durch 127 Tage täglich 20 bis 30 Liter Exspirationsluft einströmen, welche mittelst Spirometer von Phthisikern 2. und 3. Grades entnommen worden war. Dem anderen Kasten wurde in gleicher Weise Exspirationsluft von gesunden Menschen zugeführt. Nach 4 monatlicher Dauer des Versuches waren die beiden Kaninchen in lezterem Kasten noch vollständig munter und gesund, während die im ersteren mager und kraftlos geworden waren, Diarrhoe, und bei der Section Lungentuberculose und Geschwüre im Ileum zeigten.

Dagegen liegen eine Anzahl gut beobachteter klinischer Fälle vor, welche ganz unzweifelhaft für diese Thatsache sprechen.

Von Göring (l. c.) werden in Bayern für die Jahre 1877 und 1878 27 Fälle von Cohabitation erwähnt. Weitere Mittheilungen liegen vor von Lossner und Lehnert[59]) (Bd. XVII), Feldbauer[35]) (Bd. VI, S. 141), Renner[90]) (Bd. XX, S. 297), Bouley[142]), Haarstick und Haas[46]) (Bd. II, S. 99), Toussaint und Chauveau[7]) (Tom. 93, No. 6, p. 322 und [121]) (1881, p. 481), Jamm (Bad. thierärztl. Mitth. 1882. S. 105) u. A. Mehrfach wird geradezu behauptet, dass die Tuberculose durch eine damit behaftete Kuh in ganz gesunde Ställe eingeschleppt und in diesen durch Ansteckung weiter verbreitet werden könne. Immer seien die Stücke zunächst befallen worden, welche neben dem kranken Thiere gestanden oder mit ihm aus einem Kübel oder Trog gefressen hätten. Eine vollständige Ausrottung der Krankheit sei nur durch Abschlachtung des ganzen Viehstandes, Desinfection, beziehungsweise Umbau des Stalles und Ankauf eines neuen gesunden Stammes möglich gewesen.

Als durch Ansteckung entstanden dürften namentlich die bei

älteren, in überfüllten, schlecht ventilirten Ställen gehaltenen Kühen entstehenden käsigen Pneumonien und Tuberculosen anzusehen sein.

Es sind dies speciell jene phthisischen Processe, welche, im Allgemeinen den gleichen Veränderungen beim Menschen entsprechend, früher von Siedamgrotzky[30]) (Bd. IV, S. 401) specieller untersucht worden sind. Dieser Autor lässt sie aus chronischen, bronchitischen und peribronchitischen Processen hervorgehen, welche zum Emphysem, Atelektase, Oedem, zur verkäsenden Desquamativpneumonie und endlich zur Verkäsung, Bronchiektasien und Cavernenbildung führen. Die Verkäsung soll, ganz der Buhl'schen Käseinfectionstheorie entsprechend, erst in zweiter Linie zur Tuberculose der Lunge, der Pleura etc. führen, sich also secundär der käsigen Pneumonie anschliessen.

Nachdem die Specifitätslehre für die sämmtlichen tuberculösen Processe zum Dogma erhoben, die Buhl'sche Theorie vollständig widerlegt und die käsige Pneumonie des Menschen namentlich durch Cohnheim's Arbeiten als eine Form der Tuberculose anerkannt worden ist — nachdem ferner von Koch die specifischen Tuberkelbacillen auch in den breiig-käsigen Knoten der Rindslunge, die seiner Beschreibung nach der käsigen Pneumonie zugerechnet werden müssen[31]) (1882, S. 225), nachgewiesen wurden, dürfte auch die käsige Pneumonie des Rindes als ein tuberculöser Process, als eine eigentliche Tuberculose aufzufassen sein. Auch hier ist sicher die Verkäsung das Product des specifischen Tuberkelvirus, dessen Wirkung sich, wie Orth (vergl. S. 47) wohl sehr richtig ausdrückt, je nach der eingedrungenen Menge und der Reactionsfähigkeit des Organismus verschieden gestalten kann.

Da tuberculöse Producte nur dort entstehen, wo das Tuberkelvirus längere Zeit eingewirkt hat, gerade in der Umgebung der von Siedamgrotzky beschriebenen käsig degenerirten Lungenpartien, sowohl im Lungenparenchym, als auch auf der Lungenpleura typische Tuberkeln in grösserer oder kleinerer Anzahl entstehen, so muss nothwendiger Weise der Käseherd das Virus enthalten, der sich in ihm als primäres Product desselben Virus fortgesetzt reproducirt.

Durch diese veränderte Deutung des Processes verliert die von Siedamgrotzky sehr treffend besprochene Aetiologie der denselben einleitenden chronisch katarrhalischen Erkrankungen der mittleren und feineren Bronchien und diese selbst nicht an Bedeutung. Beide bilden gewissermassen die Prädisposition. Koch hat gezeigt, dass das Einnisten der Tuberkelbacillen gewisse begünstigende Momente, wie stagnirendes Secret, Entblössung der Schleimhaut vom schützenden Epithel etc. voraussetze. Nun gut! Die oberflächliche unkräftige Expiration unserer Stallrinder, die mangelhafte Expectoration und die hierdurch bedingte Verhaltung und Zersetzung des zähflüssigen Bronchialsecretes sammt den hierdurch bedingten bronchitischen Erkrankungen erzeugen eben jene begünstigenden Umstände.

In welcher Weise die Ansteckung durch Cohabitation erfolgt — ob durch mit der Exspirationsluft fortgerissene Bacillen, oder durch Hustenstösse fortgeschleuderte und zerstäubte infectiöse Schleim- und Eiterpartikelchen oder endlich durch die freiwillig aus der Nase ausfliessenden, infectiösen, eitrig-schleimigen Sputa, welche Tröge, Raufen und Wände besudeln, dann eintrocknen und später wieder zerstäuben, ist zur Zeit noch nicht ermittelt. Es ist aber zu präsumiren, dass gerade die durch Hustenstösse herausgeschleuderten weichen, käsigen Producte und der schleimig-eitrige Inhalt der Bronchiektasien bei der käsigen Pneumonie am leichtesten zum Vermittler der Infection werden können.

Bei Beurtheilung dieser Verhältnisse verdienen die von Wernich[67]) (Bd. 79, S. 451), und von C. v. Nägeli und H. Buchner[77]) (1882, Nr. 29) sowie die von Balmer und Fraentzel[31]) (1882, S. 679) angestellten Untersuchungen die höchste Beachtung.

Ersterer fasst das Ergebniss derselben in folgenden Sätzen zusammen:

I. a) Ganz compact zusammengetrocknete, ob durch Contact auch noch so ansteckungsfähige Mikroorganismencomplexe geben selbst an die stärksten Luftströmungen keine übertragungsfähigen Keime ab.

b) Auf festgefügte Substanzen angetrocknete, in Flüssigkeiten leicht zur Entwicklung zu bringende Krusten von Spaltpilzen etc. werden von Luftströmen weder in toto noch theilweise abgerissen.

c) Gröberer und feiner Staub geht leicht in Luftströme von entsprechender Schnelligkeit über.

d) Poröse Körper verschiedener Art, welche mit keimhaltigen Flüssigkeiten verunreinigt und dann vorsichtig, aber gründlich getrocknet wurden, erleiden durch starken Luftstrom genügende Erschütterungen, um Keime enthaltende Staubtheile an die Luft abzugeben.

II. a) Dagegen genügt eine geringe Benetzung der porösen, verunreinigten Körper, um diese Folgen zu verhindern. — Gleichmässig schleimige, nicht sehr klebrige, mit Spaltpilzen bedeckte Flächen kann ein genügend lange unterhaltender Luftstrom partiell austrocknen und auch von den ausgetrockneten Stellen Partikelchen, die zur Infection genügen, mit sich führen.

b) Gleichmässige Flüssigkeiten geben darin enthaltene Keime nur an sie durchsetzende Luftströme ab, so dass jene eigentlich mittelst mechanischen Wassertransportes (Verspritzen) weiter gelangen. Ueber die keimhaltigen Flüssigkeiten hinziehende Luftströme bleiben frei, ausser wenn Schaumbildung auf der Oberfläche solcher Flüssigkeiten stattgefunden hat. In diesem Falle werden die in den Schaumblasen enthaltenen Keime mit den Flüssigkeitstheilchen auch durch schwache Luftbewegungen fortgeführt.

Zu gleichen Resultaten gelangten in der Hauptsache Nägeli und Buchner. Auch sie konnten constatiren, dass auf festen Unterlagen eingetrocknete Spaltpilze nur dann von darüber hinstreichenden Luftströmen fortgerissen werden, wenn die Unterlage merkliche Erschütterungen oder sonstige mechanische Veränderungen (Wärmeausdehnung) erleidet, welche zur Absplitterung der angetrockneten Ueberzüge führt. Zugleich wiesen sie aber nach, dass auch beim Einsickern bacterienhaltiger Flüssigkeiten in Sandboden und bei ungleichmässiger Austrocknung desselben ein Zerspringen von zwischen einzelnen Sandkörnchen stehenbleibender Wasserhäutchen und ein mechanisches Abschleudern kleinster, bacterienhaltiger Flüssigkeitstheilchen bewirkt wird, welche alsdann durch Luftströmung weiter geführt werden können.

Balmer und Fraentzel fanden in jedem Falle bei 120 Tuberculösen Bacillen im Sputum, deren Menge mit Zunahme des Zerstörungsprocesses in der Lunge grösser wurde und sub finem vitae ihr Maximum erreichte. Am grössten und deutlichsten war die Sporenbildung in allen schnell verlaufenden Fällen von Lungentuberculose mit Fieber, Nachtschweissen etc.

γ. *Auf die extrauterine Infection durch den Coitus.*

Ob die Möglichkeit einer solchen, welche heim Menschen nicht bezweifelt wird (Cohnheim); auch hei Thieren anzunehmen ist, lässt sich aus den vorhandenen Beobachtuugen nicht ohne Weiteres folgern. Jedenfalls ist sie aber bei bestehender Urogenitaltuberculose, die namentlich bei Kühen gar nicht so selten ist, wohl im Auge zu hehalten.

In der thierärztlichen Literatur finden sich nur einzelne hierfür sprechende Beobachtungen aufgeführt. So ein Fall von Zippelius[90]) (Bd. XX, No. 23), welcher die Uebertragung vom Bullen auf 10 Kühe, und von Haarstick[46]) (Bd. II, S. 99), welcher die Ansteckung von ca. 60 Kühen ganz gesunder Abstammung durch einen hochgradig tuberculösen Sprungbullen beobachtet haben will.

δ. *Auf die sog. constitutionelle Anlage, die Prädisposition.* Dieselbe hat von jeher eine wichtige Rolle in der Aetiologie der Tuberculose gespielt und darf ihr Werth als solche trotz der hewiesenen Infectiosität derselhen auch heute noch nicht zu gering angeschlagen werden. Wie hei der Tuberculose des Menschen hat man sich dieselhe auch speciell heim Rind etc. als eine locale Schwäche, eine abnorme Beschaffenheit einzelner Gewebe zu denken, welche das Eindringen des Tuberkelvirus und seine Weiterentwicklung in besonderer Weise begünstigt.

Die Constitutionsanomalie kann ererht oder erworhen, individuell oder Raçeeigenthümlichkeit sein. Alles, was den Organismus schwächt, vermag eine solche Prädisposition hervorzurufen. Beschuldigt wird namentlich:

a) Die extensive Ernährung mit wasserreichem Brüh- und Gesöttfutter, Wurzelwerk und Fabricationsrückständen (Schlämpe etc.).

b) **Dauernder Aufenthalt in schlecht ventilirten, heissen, dunstigen, überfüllten Stallungen, Mangel an Bewegung in frischer, reiner, sauerstoffreicher Luft** — alles Momente, welche nicht nur die Anhäufung des von einzelnen tuberculösen Individuen exspirirten Virus in der Stallluft bedingen, sondern auch, wie schon S. 81 bemerkt, in Folge Abminderung der Athmungsenergie die zur Aufnahme desselben nöthige kranke Beschaffenheit der Respirationsschleimhäute erzeugen. Feuchtigkeit und Wärme in Stallungen von der gerügten Beschaffenheit sind ja die besten Lebensbedingungen für in der Luft suspendirte Mikroorganismen und deren Keime; die Abschwächung der Lungenathmung schafft den zu ihrer Weiterentwicklung geeigneten Boden. Rechnet man hierzu noch die Einwirkung des in der Luft solcher schlecht ventilirten und in der Regel noch schlechter canalsirten Stallungen meist ausserordentlich reichlich angehäuften Ammoniaks, des Productes der Zersetzung fester und flüssiger Excrete der Stallthiere, auf die Respirationsschleimhaut und das Blut derselben, so drängt sich unabweisbar die Ueberzeugung auf, dass gerade diesem prädisponirenden Moment bei der Weiterverbreitung der Tuberculose ein ganz erheblicher Antheil zufällt. Es darf unter solchen Verhältnissen nicht befremden, wenn unter allen Hausthiergattungen grade das Rind es ist, welches bei der heutigen, sogen. rationellen, reinen Stallfütterung am häufigsten an Tuberculose leidet.

Zippelius[90]) (Bd. XX, S. 191) macht sehr treffend auf die Thatsache aufmerksam, dass die Tuberculose beim Rind am häufigsten in engen, tiefen Thälern und eng zusammen gebauten Orten, besonders aber in Stallungen vorkomme, die schlecht ventilirt seien. In neun Orten des Bezirks Odernburg, die hoch gelegen seien und nur ärmliche, aber luftige Stallungen aus Lehmfachwerk besässen, wäre unter 1637 Rindern seit 6 Jahren kein einziger Tuberculosefall vorgekommen.

c) **Hochgesteigerte Stoffproduction an Milch und Kälbern.** Der intensive landwirthschaftliche Betrieb arbeitet vor Allem auf die Zucht milchreicher Raçen hin. Er betrachtet die Kühe vielfach nur als Milchmaschinen, ohne dabei zugleich für eine naturgemässe Aufzucht und Haltung, und für eine sorgfältige Auswahl möglichst gesunder Zuchtthiere in der wünschenswerthen Weise besorgt zu sein. Man züchtet einfach nach Leistung!

Alle diese Dinge können, vom Standpunkt der Infectionslehre betrachtet, ferner nur noch als solche gewürdigt werden, welche für sich allein die Tuberculose niemals zu erzeugen vermögen. Ohne gleichzeitige Mitwirkung des specifischen Tuberkelbacillus kann nichts von alledem die Tuberculose hervorrufen. Sie erzeugen aber eine Prädisposition, eine krankhafte Geneigtheit des Organismus, welche, wie schon gesagt, der Infection und dem Fortschreiten der Krankheit Vorschub leisten.

Zweites Kapitel.
Die mit Berücksichtigung dieser Infectionswege zur Bekämpfung der Tuberculose unserer Hausthiere, speciell des Rindes, nöthig erscheinenden Maassnahmen.

α. *Alle tuberculösen Thiere sind streng von der Zucht auszuschliessen.* Da die Diagnose intra vitam aber, wie schon erwähnt, nicht immer möglich ist, so würde bei Durchführung dieser Maassregel der bei einer rationell durchgeführten Fleischbeschau sich ergebende Sectionsbefund bei den einzelnen Rindern mit zu Grunde gelegt werden müssen. Stellt sich beim Schlachten einer Kuh, eventuell eines Schweines, heraus, dass solche tuberculös sind, so würde deren gesammte Nachkommenschaft von der Zucht auszuschliessen sein. Eine vorhandene Urogenitaltuberculose beim männlichen Thier macht dieselbe Maassregel nothwendig. Wird ein geschlachtetes Kalb tuberculös gefunden, so muss mindestens die Mutter, streng genommen beide Eltern, dasselbe Schicksal treffen.

β. *Alle nachweislich tuberculösen Thiere sind von den gesunden zu separiren und möglichst bald zu schlachten*, da sie eine fortgesetzte Productionsstätte des Tuberkelgiftes bilden.

γ. *Die Stellen im Stalle, an welchen sich die tuberculösen Thiere befunden haben, sind zu desinficiren.* In welcher Weise diese Desinfection durchzuführen sein wird, darüber werden die noch anzustellenden Untersuchungen sichere Anhaltepunkte geben. Vorläufig dürfte sich mehrmalige gründliche Reinigung der Krippen und Raufen, sowie des Fussbodens und der Stallwand, so weit alle diese Dinge von Nasenschleim etc. besudelt werden konnten, mit 10 proc. Carbolsäurelösung oder Sublimatlösung 1 : 5000 als rathsam erweisen. In wie weit auch durch Desinfection der Stallluft eine Zerstörung der in derselben suspendirten Tuberkelbacillen und deren Sporen möglich sein dürfte, bleibt noch festzustellen. Jedenfalls kann diese Frage vor experimenteller Prüfung der Widerstandsfähigkeit des Virus gegen die verschiedenen Desinfectionsmittel nicht entschieden werden.

ð. Alle eine krankhafte Prädisposition erzeugende Momente sind möglichst zu beseitigen und ist für eine naturgemässe Haltung und Fütterung mit Vermeidung aller schwächenden Einflüsse zu sorgen.

Neben entsprechenden Fütterungs- und Zuchtverhältnissen, auf die hier nicht näher eingegangen werden kann, würde vor Allem auch für eine gehörige ·Ventilation des Stalles zu sorgen sein. Diese verhütet nicht nur die Anhäufung des Infectionsstoffes in der Stallluft, sondern erregt und begünstigt auch eine normale kräftige Athmung und eine normale Expectoration. Hierdurch bleibt die Schleimhaut der Luftwege gesund, der beste Schutz gegen die Infection durch die Athmungsluft. Viel Aufenthalt im Freien dürfte als wesentliches Präservativ nicht zu vergessen sein.

Mit vorstehender Arbeit dürfte die in der Ueberschrift gestellte Aufgabe im Allgemeinen erfüllt sein. Vollständig zu lösen war Verfasser sie nicht im Stande, da die Tragweite der Koch'schen Entdeckung zur Zeit noch nicht zu ermessen ist. An der Hand der Geschichte dürften sich aber diejenigen Directiven ergeben haben, denen entsprechend Medicinal- und Veterinärpolizei künftig zu handeln haben würden.

Wenn auch bei der Besprechung dieser Gesichtspunkte fast ausschliesslich nur vom Rind und Schwein die Rede war, so bedarf es bei dem wiederholten Hinweis auf die Unität und Virulenz sämmtlicher bei Menschen und Thieren vorkommender tuberculöser Processe doch wohl kaum noch eines besonderen Hinweises darauf, dass alles, was über diesen Gegenstand gesagt worden ist, sich auch auf die übrigen, der Tuberculose unterliegenden Hausthiere, namentlich auch auf Geflügel bezieht.

www.ingramcontent.com/pod-product-compliance
Lightning Source LLC
Chambersburg PA
CBHW032250080426
42735CB00008B/1077